Ru Guo Ai Qing Shen Ai Ru Guo Qi Qing Che Di

如果爱请深爱 如果弃请彻底

每天读点柏拉图

叶舟◎著

图书在版编目（CIP）数据

如果爱请深爱，如果弃请彻底 ：每天读点柏拉图 /
叶舟著. -- 南昌 ：江西人民出版社，2016.9
ISBN 978-7-210-08593-5
Ⅰ. ①如… Ⅱ. ①叶… Ⅲ. ①柏拉图（前427-前347）—哲学思想—通俗读物 Ⅳ. ①B502.232-49

中国版本图书馆CIP数据核字(2016)第153447号

如果爱请深爱，如果弃请彻底：每天读点柏拉图

叶舟 / 著

责任编辑 / 吴艺文

出版发行 / 江西人民出版社

印刷 / 北京欣睿虹彩印刷有限公司

版次 / 2016年9月第1版

2016年9月第1次印刷

880毫米×1280毫米　1/32　7.125印张

字数 / 160千字

ISBN 978-7-210-08593-5

定价 / 32.80元

赣版权登字-01-2016-391

前言

柏拉图，是希腊伟大的思想家、哲学家，是影响西方思想理论的重要人物之一。他在各个方面都有深厚的造诣和研究，他的学术思想理论影响了一代又一代人，在社会、生活的各个方面犹如明灯一般给予我们正确的引导，使得你更加优秀、更加智慧。

在政治思想方面，柏拉图在《理想国》中描述了这样一个画面，将国家的公民分为三个等级——智慧者、维护者和劳动者。其中，智慧者负责管理，维护者负责国家安全与和平，劳动者负责创造食物。你觉得这样一个理想国能存在吗?

在法律法规方面，柏拉图在《律法》中指出，依法治国应该是仅次于理想国的最好的治国政策。他认为一个国家的运行应该由最有智慧的人来决策判断且执行，但是，这样的人很难找到，所以，法律是人类一切智慧聪明的结晶，包括一切社会思想和道德。对此，你从中又能看懂些什么呢？

在教育方面，柏拉图是西方教育史上第一位建立学前教育体系的人，他的教育思想在今天看来虽然不是很完美，但却开启了教育体系之门，这完全得益于他的智慧思想。对此，你从中又能感悟到些什么呢？

在爱情方面，很多人都非常崇拜柏拉图式的爱情，并希望自己的爱情就是柏拉图式的爱情，爱情与情欲应该相对独立，是两种不同的状态。然而，除此之外，柏拉图还告诉了我们很多处理爱情的方法和思想。对此，你又能了解多少呢？

……

关于柏拉图在各个领域的造诣还有很多，如心态、交际、智慧、美丽等，我们将柏拉图称之为博学之人一点也不为过，因为他在各个方面的理论和观点能够让你成长和成熟。本书总结了柏拉图各个方面非常优秀的理论和观点，结合柏拉图的至理名言，深入解读剖析，解答你心中的疑惑，提升自己的价值，升华自己的素养。

目录

第一章　思想

——思想永远是宇宙的统治者

第二章　素养

——改变你心中无奈的世界

第三章　智慧

——智慧是一种神圣的品质

第四章　美丽

——最美莫过于心灵美

第五章　心态

——阳光心态是成功的一半

第六章　爱情

——柏拉图式的伟大爱情

第七章　交际

——在交际中点亮自己

第一章

思想

——思想永远是宇宙的统治者

人性构成四要素

爱情、希望、恐惧和信仰构成了人性，它们是人性的标志和特征。

——柏拉图

柏拉图在《蒂迈欧篇》中说，一个人的灵魂是理智、激情和欲望的统一体现。常人认为，理性是客观看待事物的观点，而柏拉图将理性上升到了宇宙及本体的高度进行阐述。他认为，一个人宇宙中的理性是灵魂理性的根源，但人灵魂中的理性不够纯洁，原因是人的理性往往会受到一些外界因素的影响，如感觉、欲望、情绪，而这正好是人性的完全体现。

爱情是一种感觉，与外貌、财富等因素无关，这才是纯真爱情的根本。有些人认为，外貌不悦目，何谈爱情？何谈感觉？诚然，外貌不同给人的感觉的确不同，但外貌并不能代表一个人的全部，而且在整个人性中不足万分之一，尤其对于爱情这样神圣的情感来说，足可忽视外貌。有些人觉得，财富可以稳固彼此之间的爱情，如果没有财富，那么爱情就没有基础，这是一种低俗的爱情思想。的确，当今有太多的拜金女、傍富男，如果是在这种利益关系下产生的感情，那不叫爱情，而是一种情感与物质的交易。

从人性的角度分析，欲望是一种希望和信仰。我希望结果怎样，并朝着这一结果去努力；我希望世界如何，就会去坚信且坚持，这都是人性欲望的体现、在生活中，每个人都有这样一部分特性，比如对理想的希望，对不同的宗教信仰或国家主义信仰，正是这些希望和信仰促使我们不断前行，抱有坚定的意志，做自己认为正确的事情。即使你的做法和想法在别人看来很荒谬、不可理解，甚至是错误的，但在你看来，这些都是值得去做且是正确的，因为这是你的信仰，你心中的欲望操纵了你的行为。

情绪是人在受到外界刺激下所产生的一些心理变化，这些变化通常通过表情来传递，比如恐惧。每个人都会恐惧，恐惧感在人的生活中无处不在。早上去上班，担心赶不上公车或者遇上堵车会感到恐惧，策划方案交给老板担心通不过会恐惧，谈业务担心被客户拒绝会恐惧，等等。它对于人来说可以是积极的，也可以是消极的。当工作压力让你感到恐惧时，你可能会更加积极努力地去工作，而当一些突发事件让你感到恐惧时，你可能会失去信心。

审视自己，客观地分析你身边的每一个人，每个人都具有爱情、希望、恐惧和信仰四大要素，而且这四大因素几乎占据了生活的全部。这是人与其他动物的根本区别，我们称之为人性。

当然，你可能会发现有些人没有信仰、没有希望、没有真正的爱情，只有欲望。这类人虽然从外观及特征上看是人，但人性不完善，从表面上看，他们尽管和我们一样有序地生活着，而事实上他们不会有真正的朋友、真正的爱人、真正的理想。显然，这样的人生活是虚伪的，是没有意义和价值的。

柏拉图说："爱情、希望、恐惧和信仰构成了人性，它们是人性的标志和特征。"每个人不但需要有这四大要素来完善人性构架，更重要的是你要有正确的思想来看待这四大要素，这样你才能提升自己的价值和思想。

思想造就理想，理想塑造灵魂

理想是灵魂中最高贵的因素！

——柏拉图

柏拉图在其著作《理想国》中说，理想国应该是一个具有严谨组织的共和国，在这个国家中，所有的制度及政策都应该从正义的角度出发而构建，是一个为了国家利益、为了全体公民利益而存在的组织，而不是为了某一个阶层存在的控制机构。柏拉图认为，理想国应该分为三个阶层：第一层为统治者，也就是所谓的领导、管理者，负责制定国家政策，引导国民健康发展，且这个阶层的担任者必须具有一定的智慧；第二层为守卫者，即国家军队，其职责是保卫国家人民群众、统治者及人民群众的安全，这个阶层的担任者除了具有一定的智慧外，最重要的还要勇敢；第三层为生产者，即负责制造生产人类生活所需品，如食物、工具等。在当代社会，也就是所谓的农民、工人。从事这类工作的人不需要智慧，也不需要勇敢，但他们必须懂得节制和供奉。

将这三个阶层结合起来，便形成了柏拉图心中的理想国，国家便会和谐发展。从表面上看，这样的阶层是一个理想的国度，人们各司其职，似乎完美无瑕。暂不考虑这样的国度是否可以实现、是否能够执行，柏拉图能够有这样高尚的理想与他的思想有很大关系。柏拉图认为，每一种哲学都具有普遍性，都与自然和宇宙有一定的关系，为此，他一直在试图寻找人类和大自然永古不变的真理。在这种思想下，造就了他心中的理想国。

显然，思想造就了柏拉图的理想。不仅是柏拉图，任何一个人的思想都是造就理想的主要因素。小的时候，你的理想是当老师，那可能是因为你觉得老师有很大的权力；你的理想是当军人，可能是因为你酷爱军事；现在，你的理想是买一个大房子、买一部车子，这可能是因为当代人把有车有房看作是成功人士的标志，亦可能是因为某些外界因素促使你必须尽快拥有自己的房子和车子。总之，是你的思想促使你树立了某一个或多个理想。

所以，为了保证个人理想的可实现性和可操作性，我们必须有正确的思想做基础。科学性地结合现实，树立积极客观及具有科学性的思想，否则，你可能会因为你的理想而失败或者误入歧途。比如，有些人对名利的欲望过于强烈，总想一夜暴富、一夜成名，走上了投机取巧、违法犯罪的道路，被人们所唾弃，这是人生的悲剧。

有了客观正确的理想便可塑造高尚的灵魂。柏拉图认为人的灵魂可分为三个部分，那就是智慧的理性、荣誉的激情和利益的欲望。事实上，每个人都有这样三种特性，也就是说每个人都有自己的灵魂，只是对这三部分的认识不同，灵魂的质量便不同。

如前面所说，有些人的欲望是获得最大的名利，而利用了一些非人性和谐的手段，理想本没有问题，但操作方式出现了问题，这便使得他们的灵魂降到了谷底。有这样一个人，他告诉他的朋友他的理想是5年内创建国内某行业最大的企业，并已开始实施。朋友们听到他的理想及做法后无不敬佩，好多年不联系的朋友也都开始主动联系他。然而，5年之后他没有实现自己的理想，更为糟糕的是由于在经营中偷税漏税、非法集资等问题被媒体曝光，每天都有很多人找他的麻烦。为此，他多年来积累的朋友一个个地都离开了他，像是躲瘟疫一样躲着他。为何？因为他的灵魂失去了吸引力。之所以这样，是因为他在实现理想、追求荣誉的过程中损害了自己的灵魂。

什么样的思想造就什么样的理想，什么样的理想塑造什么样的灵魂。有些人之所以会成为灵魂领袖，是因为灵魂是人类的最高精神资产，所以我们一定要珍惜和重视。

邪恶不是人的本性

舍善而向恶，不是人类的本性。

——柏拉图

柏拉图认为，人生来就是善良的，邪恶不是人的本性。这与我国战国时期的思想家孟子提出的“人之初，性本善”观点不谋而合。这足以说明，人的本性是善良的，而在现实生活中为什么有些人会弃善从恶，这与仁政、道德教育和外界的诱惑有很大的关系。

柏拉图在《理想国》中讲了这样一个故事：有一个放羊人叫顾阿思，他为人善良，甚至还有一些懦弱，所以从小到大他没有伤害过任何一个人。他每天最快乐的事情就是照看好他的羊群，为国王服务，取得国王的认可。

然而有一天，他正在放羊时，突然发生了地震。地动山摇，同时传出了巨大的响声，在惊恐中他跌倒了。大约过了两三分钟，等一切安静下来之后，他爬起来，发现地面裂开了一道很大的口子，他的一只羊掉到了里面。为了拉出这只羊，顾阿思鼓起勇气，跌跌撞撞爬到地缝底部，但却看见了一条人为修建的通道，羊在他落地的一瞬间也跑进了这条通道。顾阿思有些害怕，本不想进入这条通道，但为了找回羊他便硬着头皮走进了通道。

在通道里，羊不知去向，无论他怎么找都找不到，倒是发现了一座石头雕像，手上还戴着一枚戒指。顾阿思想，即使找不到羊，也要告诉国王到底发生了什么。为了证明自己没有说谎，他取下了石头人手上的戒指，爬到地面。刚到地面，又是一阵山崩地裂，地缝又合在了一起。

羊没有找回来，地缝又合住了，他该如何向国王交代呢？眼看每个月向国王报告羊群情况的日子到了，他越发有些郁闷。这天，他来到酒吧，手中玩弄着那天从石头人手上取下的戒指，一边想着丢羊的事情。他把戒指戴在手上，然后玩弄上面的宝石，这时听到旁边有人在说他的坏话，好像无视他的存在。顾阿思感觉有些奇怪，于是在对方的眼前挥手，而对方根本没有反应。这时他才发现，戒指让他隐身了。

因为有了隐身功能，原先见了国王都提心吊胆的顾阿思开始有些自信了。首先，他来到国王的厨房大吃了一顿，拿走了国王大量的钱财。然后，他又去勾引王后，而且两人计划谋害国王。

对于大多数国民来说，国王是一位称职且值得尊敬的人，而顾阿思凭借那枚可以隐身的戒指杀害了国王，变成了一位十足的邪恶之人。

当然，这个故事是虚构的，可以隐身的戒指也并不存在。可是，当一个纯真善良的人得到这枚戒指后，他会继续努力工作、保持善良呢，还是会像顾阿思一样成为邪恶之人呢?

显然，当一个人没有了约束有了一定的权力可以为所欲为的时候，不管他之前是善良之人还是邪恶之人，他都会舍善向恶成为恶人，这也正好说明了人的本性是善良的。只是由于个人权力的增大、约束的减少，带着好奇心或欲望去做一些平时不敢做的事情，哪怕只是小小地作弄他人。当这些事情做得多时，胆子也会越来越大，做一些更加邪恶的事情，从而变成恶人。

正确的思想更具吸引力

美好的观念与美女相比，前者更为可爱。

——柏拉图

据说柏拉图终身没有结婚，也没有谈过恋爱，一心一意专研学术。他认为，美女与美好的观念相比，美好的观念更加可爱。

在当时那种社会环境中，对于一个哲学家、对于一个近似疯狂的学者来说，他的选择可能是正确的。在历史的长河中，很多哲学家、大学者都选择了独身，如薄伽丘、哥白尼、笛卡尔、帕斯卡尔、斯宾诺莎、牛顿、伏尔泰、康德、贝多芬、叔本华、安徒生等。

在当代，对于柏拉图的这句话，我们从另一个角度理解或许更为合理，观念即思想，如果一个人的观念是正确的，那么，它要比美女更加具有吸引力。美女能够产生吸引力，我们走在大街上对美女总会多看几眼。同样，正确的观念也能够产生吸引力，比如有些人总会有很多崇拜者和忠实粉丝，比如我国画家陈丹青、近代文学家鲁迅等。在每个人身边也有类似的人，有些人总是有很多朋友，朋友们都喜欢与他沟通交流，有问题向其咨询，这都是因为他有正确的思想。显然，这样的人要比美女更具吸引力且更加长久。

正确的思想观念体现在生活的各个方面。在工作中，树立正确的事业观，把事业作为自己的人生追求，积极主动地投入到工作中；设定目标，为实现每一个目标而努力不懈，深入研究当下行业发展状态、经济动态，总结出与行业发展相匹配的思想；鄙视堕落、腐败，视其为耻辱。这样你会发现，你的上司或者客户会更加重视你，你的下属及同事会越发向你靠拢，自然而然，你的事业也会发展得更加迅速。

在人际交往中，具有正确交际思想观念的人往往具有强大的人脉，有很多忠实的朋友。树立正确的交际思想，真心对待每一位朋友，尽自己所能帮助他们遇到的问题，打开心扉，面向朋友。你要明白，正确的交际思想观念会产生1+1＞2的效应，否则可能会导致你的能量无处释放，甚至导致人际交往的失败，对他人来说自然也就没有了吸引力。所以，我们需远离唯利是交、无利不交的思想观念，让自己的交际思想高尚化而非庸俗化。

在对待爱情中，当下有相当一部分拜金女、傍富男，显然，他们的爱情是建立在金钱利益的基础之上。客观地说，生活的现实让他们在爱情观上产生了这样的思想，为了名利财富去付出爱情，他们觉得这是无可厚非的。然而，当你用这种思想去爱一个人的时候，你是真正爱对方的吗？对方是真正爱你的吗？你吸引对方的不是你的品性，仅仅是那可怜的外貌。然而，容颜易老，品性恒久，品性散发出的爱情吸引力才会长久。

在生活中，不管在任何方面，每个人都需要有正确的思想观念来对待，以此散发内在而深远的吸引力。美女固可爱，但正确的思想价值观更高，如果非让我们在这两者之间做一个取舍的话，智慧的人一定会舍前者而选择后者。

真理唯少数人拥有

真理往往掌握在少数人手中。

——柏拉图

在希腊，在柏拉图生活的那个时期，研究哲学的人一定不止柏拉图一个人，但为什么柏拉图的哲学思想可以成为西方哲学的引导呢？柏拉图为什么会成功，被人们所推崇？用柏拉图所说的一句话解释这个问题想必是再合适不过的了——“真理往往掌握在少数人手中”。

纵观历史，放眼当下，积极努力做事情的人有很多，但最终真正成功的人却很少。而这些成功的人当初可能被人嘲笑过，被人抛弃过，被人说成是傻子、骗子等，但他们并没有因此而放弃，一直坚持着自己心中的真理，所以他们能够成功。比如当下互联网大佬马云，在创业初期一个人去跑业务，向几位老板详细地说明了自己公司的服务及能够为老板所带来的好处后，几位老板都说了一句“这个人是个骗子”便拒绝了马云。

对于这样的评价，大多数人一定会深受打击，对自己所坚持的事业产生怀疑，产生放弃的念头。然而马云并没有这样想，他认为互联网在将来的中国一定会成为主流，会渗透到每一个行业，他一定会成功。所以，他选择了继续坚持，今天，他成功了。他成为大多数心中的崇拜对象，他所说的每一句话大多数人认为都是真理。其实，时代在发展，社会在进步，互联网在飞速发展，他现在所说的话不一定是真理，但当初他的坚持才是真正的真理。

很多时候，我们经过深思熟虑着手去做一些事情，总会受到大多数人的嘲笑与讽刺，告诉我们这样做事是不对的、不会成功，甚至会说我们脑袋进水了。这时，受外界否定因素的影响动摇原先的坚定，考虑是不是应该接受大多数人的观点而放弃原有的想法。诚然，接受分析、研判他人对自己的观点是有必要的，他人对我们持有肯定与否定的观点是平等的，我们不可因为是否定的观点就动摇坚定的信念。对于否定的观点和意见应该与肯定的观点同样去对待，从而避免影响自己的真知灼见。

从广义上说，真理分为两类：一类是自然真理，这类真理通常是不会改变的，比如地球围绕太阳转、月有阴晴圆缺等。一类是社会真理，这类真理会随着社会环境的变化而不断变化，而且变化很快，因为社会变了、外界条件变了，原先的真理就不再是真理了。

对于当下的一些事物及观点我们不要轻易去相信，如魔术，我们都见过，表面看是真的，其实是假的。特别是当下一些所谓的专家和学者，不要急于按照他们的理念思想去做，先思考、客观分析，带着怀疑的眼光去看待问题，这样你就会找到真正的真理。

柏拉图的哲学思想影响了西方一代又一代学者。假如，柏拉图当时只是拿别人的思想观念为自己所用，不去思考研究，那么相信世人也不会记住有柏拉图这个名字。所以，不要让别人的思想观念去支配你，任何事情都要认真思考、客观分析，在听别人说的同时，结合社会的变化、外界因素的影响，深入分析，这样真理就会握在你的手中，而不会人云亦云，轻易地放弃或跟随。

信仰是一种感情

> 信仰是一种感情，这种感情的力量如同其他各种感情一样,同激动的程度成正比。
>
> ——柏拉图

说到柏拉图与信仰，大多数印象最深的莫过于柏拉图的爱情信仰。有这样一个众所周知的故事：

有一天，柏拉图问他的老师苏格拉底什么是爱情？老师把他带到一片麦田中，对他说："你在这片麦田中摘一个最大的麦穗给我。你只能向前走，不可回头，而且只能摘一次。"柏拉图按照老师的说法去做，结果空手而归。老师问他为什么没有摘到，柏拉图说："每遇到一个较大的麦穗，因为不知道前面是否有更好的，所以没有摘；走到后面总觉得没有前面的好，所以没有摘。"

苏格拉底说："这就是爱情！"

又一天，柏拉图问老师什么是婚姻，老师将他带到一片树林，让他伐一棵最茂盛的树木做圣诞，而且只能往前走，不能回头，只能伐一次。柏拉图总结了上次教训，很快伐倒了一棵树带回来，但发现并不是最好的。

老师问他，为什么伐了一棵如此普通的树呢？

柏拉图说："因为上次的经验，当我走到树林中间时两手空空，我觉得这棵树还不错，所以就砍了下来，免得再次错过。"

苏格拉底说："这就是婚姻。"

受老师苏格拉底的影响，柏拉图的爱情信仰是一种持之以恒的情感。你在寻找爱情的过程中，当你遇到合适的而非要寻找更好的爱情时，你便会失去爱情；你在经营婚姻的过程中，若只是随机断定、患得患失，即为失败的婚姻。事实上，我们可以将柏拉图的这种爱情信仰理解为一种感情，因为有了感情，所以我们才应该去产生信仰。

信仰是心灵的产物，是对某种观点、主义、宗教或某人的信任和尊敬，并奉为自己的行为准则。信仰的对象也是各种各样，如宗教信仰、科学信仰，对权力、地位、名誉、爱情的信仰等。

不管何种信仰，我们都需要付出感情，而且付出的感情越多，信仰便会越坚定。它是以自身为根本产生出的一种爱，然后通过情绪促使大脑所激发出的一种无限渴望。所以说，在某种程度上，感情是信仰的基础，因为有感情，所以产生信仰。

那么，如果信仰没有了感情，将会怎样呢？生活中有些人说他比较现实，他信仰的是金钱，拥有更多的金钱是他一生的追求，一心一意只想着如何赚更多的金钱，其他什么也不做。事实上，这并不是信仰，只是一种欲望。对金钱真正产生信仰的人，应该懂得尊重金钱，对金钱有感情，会运用金钱。除了追求更多的金钱外，还应发挥金钱更多的能量，比如做公益、投资新项目、研发新技术，而不只是视金钱如命，只懂得积累，不懂得运用，成为守财奴。

柏拉图说："如若我们凭信仰去战斗，就会有双重武装。"信仰也是一种力量，是能够从感情而喷发的无限力量。这种力量坚不可摧，锐利无比。比如有些对宗教的信仰，即使最好的朋友在他面前贬低他所信仰的宗教，他也会当即翻脸，甚至与其绝交。原因是他对他所信仰的宗教投入了太多的感情，视信仰为生命，任何人都不可侵犯。这样的信仰才是真正的信仰，才能够使精神与行动合一战斗。

生活丰富生命

生活若没有理想、梦想、幻想，那生命便只是一堆空架子。

——柏拉图

生活应该是丰富多彩的，而这需要理想、梦想以及幻想来支撑。对于柏拉图来说，他的理想、梦想以及幻想便是《理想国》。首先，这个国家是正义的，具有智慧、勇敢、自制和正义这四种品性，国家制度是从正义的角度构建的，人们各司其职，快乐地做着自己该做的事情。其次，这个国家的每个人都是正义的，每个人都充满了爱，没有矛盾，没有嫉妒，人们和谐相处。再次，这个国家重视教育，并把教育分为音乐和体育两部分，通过音乐，教人为善，爱他人；通过体育，培养卫士的强健体魄和坚毅性格。

在这个国家里，金钱没有存在的必要，因为人们可能不会富裕，但一定不会贫穷，每个人都有饭吃、有衣穿、生活幸福、无以伦比。

这样的国家是柏拉图的理想，同时也是梦想和幻想，因为这样的国家看似虚无缥缈，美好的让人无法想象，很多事情根本不可能执行，当然也不会实现。

在当代，这样的理想国虽然没有办法实现，但这是柏拉图对人类美好社会的憧憬，依然值得肯定。柏拉图还为了实现理想国付诸行动。他三次去西西里，尽管都以失败而告终，甚至被当作奴隶公开拍卖，但这充分说明了他对美好社会制度的强烈愿望和信心。

从另一个角度讲，不管是理想也好，梦想也罢，幻想也是，正是因为他有这样的想法，使得他的生活丰富多彩，生命更具有价值。也就是说，是理想、梦想和幻想使他的生命丰富且具有价值。

几乎每个人都有自己的理想，小到幼儿园的小朋友，大到步入花甲之年的大人。有理想的人和没有理想的人在人生轨迹及做事的态度上有很大的不同，有了理想就有了前进的欲望，心灵会更加充实。多年之后，不管你的理想是否实现，你都会发现这些年来生活过得很充实，时间没有白费，你都会觉得非常值得。实现的梦想与你这些年的经历相比，你会觉得后者更让你感到骄傲。

梦想是一个人起航的动力，有了梦想我们就有了前进的方向，有了奋斗的目标，可以引导我们有规划、有目的性的去做事。一旦失去梦想，生活就会变得盲目，这一分钟做完事情，不知道下一分钟该做什么。有梦想的人是充满激情的，为了实现梦想，可以不顾一切，可以通宵达旦。在激情中，即使再累也会觉得幸福。所以，人需要有梦想。

幻想通常被人们认为是一种贬义词，有幻想的人是缺乏积极性的人。的确，如果一个人只有幻想，然后什么也不去做，多年之后依然原地踏步，任何事情都改变不了，这是一种悲哀！但从另一个角度讲，幻想可以提升一个人的想象力，拓展一个人的思维，当下很多科幻片、科幻小说不就是幻想出来的吗？《三体》不就是因为幻想而被大众认可的吗！所以，如果幻想单独存在于人的思想中，的确是一种悲哀，但如果和理想、梦想一起存在，反而会起到积极的作用。

总之，生活应该有理想、梦想和幻想，生命的质量如何取决于你拥有几种以及哪几种。它们在丰富我们生活的同时，可以提高我们的生命质量。

良机往往只有一次

一个人不论干什么事，失掉恰当的时节、有利的时机就会前功尽弃。

——柏拉图

柏拉图的老师苏格拉底是一个教育从业者，他的一生都在从事教育工作，并有丰富的教育实践经验和理论基础，而且他从来不收取学生学费，是一位义务教育者，所以他的一生很清贫。

有一次，苏格拉底想用实践来告诉学生们一个道理，他带着柏拉图等学生来到一片长满鲜花的田地，对学生们说："这里面有一朵最大、最鲜艳的花，你们摘给我看，只能进不能退，我在田地的尽头等你们。"

学生们来到地里，到处都是大大小小、鲜艳程度不等的鲜花，到底摘哪一朵好呢？学生们仔细寻找着最大、最鲜艳的花朵，看了一朵摇了摇头，看了另一朵又摇了摇头，当走到田地的尽头时，只有一个学生摘到了一朵，其他学生都是空手而归。

苏格拉底问没有摘到鲜花的学生们："你们为什么没有摘到呢？"

学生们告诉苏格拉底，他们总觉得最大、最鲜艳的花朵在前面，所以错过了。苏格拉底问摘到花的那位学生："你摘到的这朵花并不是整个田地中最大、最鲜艳的，为什么呢？"

这位学生说："当我走到田地中间的时候，已经错过了很多又大又鲜艳的花，我觉得应该摘一朵，否则可能会错过。"

这时，苏格拉底告诉学生们，在我们的一生中会出现各种各样不同的良机，但如果我们要在今天找昨天出现的良机是永远也找不到的。所以，当良机出现时，我们一定要牢牢把握，谨防丢失。

与宇宙相比，人生的短暂几乎无法形容。在这短暂的人生中，一个人所能遇到的良机并不多，有些人数十年沉寂，原因就是等不到良机；有些人一夜走红，原因是他的良机出现了，而且他把握住了。这样的事例在现实生活中举不胜举，尤其是在我们熟悉的娱乐圈，成败与否全在于你对良机的看待与把握。

有时候，良机会主动向我们靠近，有时候需要我们主动争取良机。当然，很多时候我们需要去开发、争取良机，而不是等待，尤其是在当前高速发展、竞争激烈的社会，懂得争取的人才能获得更多的良机。阿诺德曾说："只有不坐等机遇的馈赠，才会征服命运。"如果有一天，一个良机忽然出现在你的面前，只能说是上天对你产生眷顾，如果此时你把握住机会，也许会向前迈两步。但那些时刻都在寻找争取良机的人，他们获得良机的概率要比你大很多，成功的速度自然比你快。所以，我们不但要懂得把握仅有一次的良机，而且还需懂得创造争取良机。

发现良机要懂得运用，如果你只是发现并抓住了良机，而不懂得发挥运用，那么它并不会为你带来多大的好处。英国诗人、剧作家和文学批评家托马斯·斯特尔那斯·艾略特说："对于不会利用机会的人，时机又有什么用呢？一个不受胎的蛋，是要被时间的浪潮冲刷成废物的。"我们身边有相当一部分人总能够发现良机，但在运用把握中成功率总是很低，原因大多是拖延了时间，没有把握好时机，致使良机溜走。

良机只有一次，而且要把握这仅有一次的良机，一定要把握好时节，否则便会前功尽弃。

淡泊财富，勿惧贫穷

财富与贫穷，一个是奢华和懒惰之母，另一个是卑劣与恶毒之母，两者都是不知满足的源头。

——柏拉图

柏拉图生活在希腊奴隶制度由繁荣走向衰落的剧变期，民主社会弊端日益暴露，党派政治斗争异常尖锐，传统的社会伦理和宗教信仰遭到了严重破坏。在这种社会背景下，柏拉图的财富观带有强烈的伦理道德因素。

他将财富分为三个层次，第一层是精神财富，如知识、道德、克制等，柏拉图认为这是财富的最高等级；第二层是肉体财富，即健康。第三层是物质财富，即金钱。也就是说，他将当前大多数认为最重要的物质财富放在了最后一位，而把精神财富摆在了首位。

淡泊名利、视金钱如粪土这样的话我们从小就听过，但当你走入社会，步入成人生活状态后你会发现，钱虽然不是万能的，但没有钱却是万万不能的。为此，我们会在不知不觉中把金钱放在首位，为了金钱和生活而奔波。之所以会这样，一部分是社会环境的原因，一部分是自身的原因。社会是现实的社会，金钱是可以拿来交换生活需求品的东西，所以，我们需要金钱。追求金钱和财富并没有错，但不可将金钱放在你生活的首要位置。过分地追求金钱，会让我们的目光变得短浅、思维受到局限。

如柏拉图所说，财富是奢华和懒惰之母，当你有了足够的钱之后，你可能会购买豪车、豪宅、私人飞机等，过上奢华的生活，这也没有错，因为你有钱。但是，奢华的生活会损毁一个人的品性。在当下，大多数有钱的艺人过上奢华的生活之后，看似有名有地位，但品性已不如当初摸爬滚打的创业阶段。没成名之前，他们住过蜗居，街头卖过艺，他们具有吃苦耐劳的精神，有坚忍不拔的毅力，有不抛弃不放弃的品性，待人和蔼可亲，会讲道理。而当有了名、有了足够的财富之后呢？开始摆架子，耍大牌，不讲道理，强行改变原有的规则，等等。为什么？因为他们有钱了，致使他们的个人品性变得很差。

曾看到过一个报道，说某明星出门拍戏有人提包、有人打伞、有人开车、有人负责传话等，总之，一出门后面必跟一群人，这群人的工作就是伺候这一个人，就差吃饭找个人喂。显然，这是一种懒惰，根本原因还是拥有财富。有钱享受没有错，但不要让财富降低你做人的品性。

贫穷是卑劣和恶毒之母，这一点在现实生活中也有体现。一些贫穷的人经常对一些有权有势又有钱的人卑躬屈膝，说话低三下四，看脸色行事。有些人说：社会就这样，没有办法，你不这样做，人家不给你“饭”吃。而我想说的是，人可以贫穷，但精神、骨气不可贫穷，我们完全没有必要这样去做，凭自己的本事依然会混得很好，赚自己的钱、吃自己的饭，心里就会坦然。

杀人、放火、抢劫这些事情时常在新闻中出现，显然，这样的人是恶毒的，而恶毒的背后也是贫穷的原因。因为没有钱，因为要吃饭，因为要过得更好，所以有些人就会铤而走险地去做一些恶毒的事情。

所以，社会的稳定、个人品性的提升必须要让人们脱离贫穷，改变人们看待财富和贫穷的观念，把财富看淡一些，钱不在多，够花就行；不要惧怕贫穷，只要努力，一定可以挺着腰板有骨气地成龙成凤。

征服自己，才能征服世界

征服自己需要更大的勇气，其胜利也是所有胜利中最光荣的胜利。

——柏拉图

柏拉图一生执教，潜心研究哲学，构想《理想国》，并三次付诸实际行动，单从这一点来说，他当时已经征服了自己，现在从他的思想及哲学影响力来说也征服了世界。

有这样一个故事，威斯特敏斯特是世界闻名的大教堂，据说在这个教堂的地下室有一块墓碑，墓碑上刻着这样一段话：“在我年轻的时候，我的想象力非常丰富，我梦想要改变这个世界。可当成年之后，我发现我改变不了这个世界，我的目光更加短浅了，所以，我决定改变我的国家。当我到了中年之后，我发现我改变不了我的国家，我希望能够改变我的家庭。但是，这似乎也做不到。当我躺在床上时，我突然意识到，如果在刚开始的时候能够改变我自己，然后我就可能改变我的家庭；在家人的鼓舞下，我就可能改变我的国家，甚至改变世界。”

南非有一个人，他在看到这段话后深受启发，领悟到了其中的道理，所以他决定改变自己。回到南非后，首先改变了自己的思想和想法，然后改变自己的做法和处世作风。经过几十年的努力奋斗，他不仅改变了自己，而且改变了自己的国家。这个人便是被称为南非国父、最伟大的南非人、获得诺贝尔和平奖、曾任南非总统的曼德拉。

这个故事告诉我们，一个人只有能够征服自己，才能够征服世界。他与柏拉图的“征服自己需要更大的勇气，其胜利也是所有胜利中最光荣的胜利”观点有很多相似的地方。征服自己最难的就是是否有征服自己的勇气，这一点很多人都感到不以为然，觉得这有什么，我有征服自己的勇气。但是，能够拿出勇气征服自己的人有很多，而能够长久坚持、客观面对审视自己并成功的却很少。

所以，我们会看到有很多随波逐流、时刻抱怨的人，没有自己的思想，别人说什么就是什么。遇到问题后，不从自身寻找，往往将问题归咎于一些外在的环境和人，甚至试图改变他人来迎合自己。这样，只会让自己的人际矛盾重重，让自己停止不前。

其实，征服世界并不一定伟大，比如用武力征服世界的人，这样的胜利并不见得光荣。只有征服自己才是真正意义上的伟大，取得的胜利才是最光荣的胜利。我们知道，一个人最大的敌人就是自己，战胜自己便能战胜一切，为此，不如将目光放在自己身上，客观地审视、剖析自己，这样你也许会取得更快的胜利。

直面自己、解剖自己、磨炼自己、挑战自己、与各种消极思想情绪斗争，这些都是征服自己的具体措施，也许，我们在征服自己的时候会感觉到痛，如同割肉一般，但你一定要相信，纵使是割肉，割去的也是你身体上的肿瘤，阵痛期过后，你便会有飞速的进步，个人价值也会有质的飞跃。

为自己生，为祖国活

人不仅为自己而生，而且也要为祖国活着。

——柏拉图

为自己生，为祖国活，这话可能听起来有些高尚，与现实生活相比有些喊口号的意思。但如果你能够有这样一种思想，你将会大不一样。

柏拉图的家族祖辈从事政治工作，起初柏拉图想法也是从政，但情况发生了变化。在希腊与斯巴达的战争中，民主制失利，“三十僭主”上台执政。随后“三十僭主”又被代议制政府取代。为此，柏拉图对现有的政体感到彻底失望，于是开始游学，去过意大利、西西里岛、埃及等地寻求知识。在游学期间，他始终惦念着祖国，而且游学的目的之一就是构建希腊美好的政体，提高国民的文化水平。

在他大概四十岁的时候，他结束了游学回到雅典，创办了阿卡德米学院，这个学校也是西方具有完整组织的高等学府之一。他为什么会在自己的祖国创建学校？我想原因之一就是为了祖国的繁荣富强。

作为一个普通人，我们虽然达不到像柏拉图这样为祖国活着的精神高度，但我们必须有这样的意识。这种意识不仅利国利民，而且利己。

回顾我国的一些大企业及企业家，乃至你身边一些有一点成就的人，当国家领导人提出“中国梦”这个概念的时候，他们每一个人、每一个企业无不纷纷相应，并拿出实际行动来支持推动“中国梦”的实现。不管企业还是个人，显然这就是一种为祖国活的做法。

那么，他们为什么要这么做呢？国家如同一个家庭，企业及每一个公民如同这个家庭的成员，你的家庭是否能够在众多家庭中立足，是否不被其他家庭欺负、嘲笑、爱答不理，取决于你的家庭是否强大。你走出家门是否会得到其他家庭成员的尊重，取决于你的家庭的影响力。而让我们的家庭强大、提升影响力需要家庭中每一个成员共同努力，国富则民强，我们才能幸福的生活。

当然，人性本身就是自私的，我们每一个人都应该为自己生，这是我们生活的重心。努力工作，提高自己的业绩，提高生活水平，这是每个人每天都在积极做的事情。在和平年代，这是正确的生活方式。但我们一定要记住，任何时候，维护祖国利益是每一个人应尽的义务和责任，因为祖国的利益关系着个人利益。

经常在微信朋友圈会看到一些积极实现中国梦、维护祖国利益的观点和讨论，比如呼吁大家遵守交通规则、提倡公益活动、提升国民的道德素养等，其实这些都是“为祖国活”的一种做法，而且几乎所有人对这样的观点都会点赞或者强烈支持。显然，在当今互联网+信息飞速传递的时代，人们的素养在不断提升，“为祖国活”并不是一句口号，而是每一个人都在用自己的实际行动在做，成为一种趋势和流行。

我们没有柏拉图那样伟大，但国家兴亡，匹夫有责。我们应该学习伟人的思想，如柏拉图所说“人不仅为自己而生，而且也要为祖国活着”，这是一个人是否能够走得长远、强大的基础思想。

第二章

素养

——改变你心中无奈的世界

培养耐心，拥有聪明

耐心是一切聪明才智的基础。

——柏拉图

中国有句俗话叫“心急吃不了热豆腐”。有一部电影也叫《心急吃不了热豆腐》，意思是说一个人如若急于想办成一件事情，中间势必会有很多坎坷，成功的概率会大大降低。只有耐心才是做好、做成一件事情的根本。这一点与柏拉图的“耐心是一切聪明才智的基础”的观点基本一致，同时也体现了人民群众的聪明才智。

从心理学的角度讲，耐心是一种素养，也是一种品质，是耐力的体现。柏拉图之所以成为具有世界影响力的哲学家，这与他的耐心有直接关系。我们知道，一个人无论从事什么行业，做到一定程度后都会产生一种烦躁的心理。这是因为在做一件事情的时候遇到了一些困难和挫折，或者多次长期重复同样的动作而产生。生活中这样的案例不胜枚举。比如两个同时进入一家公司的工作者，一年后两人的职位薪资没有任何变化，一个人觉得这样的工作太单调，自己没有上升的空间，于是辞职离去，另一个人选择了坚持。两年之后，坚持留下的人升职加薪，离去的人在别的公司依然是一个新人。

这便是耐心的魔力，显然，选择坚持留下的人是聪明的，选择辞职离去的人不能不聪明，但最起码他失去了一些机遇。

齐白石是中国画坛的一代宗师，但很多人不知道的是他还有一门造诣极高的技术，那就是篆刻。据说齐白石年轻的时候就特别喜欢篆刻，他篆刻了很多作品，都不是很满意。于是，他向一位老篆刻艺术家请教，这位篆刻艺术家对齐白石说："你去河边捡一扁担石头回来，然后在这些石头上刻了磨，磨了刻，等这些石头刻完了，你的篆刻技术就算学成了。"

齐白石听了老篆刻艺术家的话，去河边挑了一扁担石头，刻了磨，磨了刻，还一边拿成功的篆刻品比较琢磨。就这样，日复一日，年复一年，他的手上不知起了多少血泡，用了多少篆刻工具，最终，一扁担石头变成了一堆石泥，齐白石也成了一代篆刻大师。

从这个故事中可以看出齐白石具有坚定的意志，而这坚定意志的来源便是他的耐心。没有了耐心，遇到困难挫折便打退堂鼓的人就没有意志可言，更不能说他是聪明的人。

我们总是称赞这个人很聪明，那个人很有智慧，那么什么是聪明，难道仅仅是脑筋转得快，脑筋急转弯问题回答得又快又准确的人就聪明吗？事实上，我们经常所说的聪明只是一些"小聪明”而已，真正聪明的人应该是具有耐心的人，耐心才是聪明的基础。回顾我们身边的一些成功者，如马云、柳传志、张瑞敏等，他们的成功都是从最初的耐心开始的。

所以，不管你现在有没有耐心、耐心的程度如何，从现在开始，我们都要主动培养，从实践开始，培养自己的耐心。鲁迅先生曾说：“即使慢，驰而不息，纵会落后，纵会失败，但一定可以达到他所向往的目标。”不要过分担心慢，不要惊恐自己会落后，只要有耐心，你就一定会成功，因为耐心让你成了一个聪明的人。

任何时候，爱智不弃

我一息尚存而力所能及，总不会放弃爱智之学。

——柏拉图

“我一息尚存而力所能及，总不会放弃爱智之学。”这句话的意思是只要我还有呼吸，只要我力所能及，我都不会放弃学习的机会。柏拉图告诉我们，一个人无论在什么时候，只要有能力、有机会，都不应该放弃学习的机会。俗话说：“活到老，学到老。”爱学习且持续学习的人总是站在世界的前沿，总能够及早洞察世事，提早成功。

有两个从大山走出来的青年去创业，他们在离开大山时共同发誓，10年之后衣锦还乡，光宗耀祖，建设家乡。

这两个青年去了两个不同的城市，甲青年工于心计，专研交际，心想，只要搞定人，抓住机遇，就一定能够飞黄腾达。前5年，甲青年把很多的时间都花在了人际交往上，为此开了公司，他的事业一帆风顺，很快就在某城市站稳了脚跟。

乙青年功于专业，一心学习专业知识，心想，只要自己的专业知识丰富，技术过硬，就不愁没有生意。前5年，乙青年潜心研究专业知识，学习专业技术，用所有的积蓄也开了一家公司。由于是新公司，很多客户对他们并不信任，为此，生意不是很好，只能勉强度日。但乙青年想，只要自己不断学习，提高技术水准，生意一定会好起来。

5年之后，甲青年在经营公司的过程中越来越感到吃力，原因是一些老客户逐渐离他而去，选择了性价比更高的公司，他只能利用交际每天不断努力去开发新的客户，来平衡公司的业绩。为此，形成了“老客户离去——新客户补充——老客户离去”这样一种循环状态。公司不但没有成长，反而经营压力越来越大。

而乙青年的公司在5年之后发生了天翻地覆的变化，由于公司的专业水准越来越高，只要合作一次的客户以后几乎都成了他的忠实客户，而且还给他介绍了很多新客户。为此，乙青年经营越来越轻松，客户几乎不用开发，他把更多的时间用在了学习专业、专研新技术上。公司的规模越来越大，并成为了上市公司。

这天，两人按照之前的约定来到一家茶楼，诉说了各自公司的状态。甲青年这才发现自己与乙青年的差距，不仅无资格衣锦还乡、光宗耀祖，也无能力建设家乡。

甲青年和乙青年是很多当代人士的写照，当下很多不爱学习的人后来成了老板，而很多持续学习的人成了打工者。为此，很多人觉得学习无用，不如投机取巧，功于交际。其实，这种想法是错误的。在短时间内，那些放弃学习、功于交际的人可能会成功，但一定不会长久，因为他们没有扎实的基础知识，没有专业的技术就不可能快速地成长。而那些能够持续不断学习的人，尽管在短期内不会成功，但他们一旦成功，便会稳稳地快速壮大，成为不可抵挡的勇士。

诚然，学习是一件很耗费时间、耗费精力的事情，不断学习不一定会有好的结果，但不学习就一定不会有好的结果，一定会落后。把一部分时间与精力放在学习上，并持续不断，这样你便会与时俱进、紧随潮流，机遇才会向你招手，你才不会被世界遗忘。

意志坚定，更要纯正

意志不纯正，则学识足以为害。

——柏拉图

在《理想国》中，柏拉图说意志让人勇敢，意志需要理智来支配。意志的确可以让人勇敢，越是意志坚定的人，就越勇敢。之前让他们感到懦弱害怕的事情，只要有了坚定的意志，他们便会不顾一切地去做。

记得我在上小学的时候，不爱学习，经常逃课，且很害怕班主任。那时候家里很穷，记得有一次逃课，老师找到了我的父亲。父亲把我叫到了身边，他并没有生气，而是语重心长地对我说："我们家里是很穷，但我们人穷志不穷，别人看不起我们可以，但我们不能看不起自己，既要让自己看得起自己，也要让别人看得起自己，对于你来说，就一定要好好学习。"

那时候小，尽管不完全明白父亲的意思，但父亲的话让我的意志坚定了起来，从此以后，我不再惧怕我的班主任，也没有逃过一节课。每当我想要逃课的时候，就会想起父亲对我说的话，这便是意志使然。

在很多抗战影视剧中，我们经常看到这样的画面：抗日勇士被日本人抓住之后押到刑房，威逼利诱，使用各种刑具，比如老虎凳、辣椒水、拔指甲等惨无人道的酷刑，迫使其说出机密，而这些勇士们半个字也不肯说。有些人可能觉得这是杜撰的，在这样的酷刑下任何人都扛不住。事实上，的确有这样的事情，他们之所以不吐露半点机密，是因为他们有坚定的意志，而且是纯正的意志。

同样，我们还可以看到这样的画面：一些抗日者被抓到牢房之后，通过简单的威逼利诱，还没有使用以上种种酷刑，便将机密告诉了侵略者，而成为了汉奸，背负了千古罪名。原因是他们没有坚定的意志，更没有纯正可言。

意志要坚定，而且要纯正，否则同样会害人害己。比如一个小偷，在偷一家商店时门没有撬开，回到家后他很不服气，发誓一定要把这家商店的门撬开，于是他去了第二次、第三次、第四次，最终，终于撬开了商店的门，偷走了财物。对于小偷来说，这也是一种意志坚定的表现，但是他的意志不纯正，不但给商店主人造成了损失，自己也犯了盗窃罪，等待他的必将是法律的严惩。

在生活中，有些意志是否纯正分辨起来并不是很明显，比如在工作中，暗下决心业绩一定要超过某某某，可是在操作中却用了投机取巧的手段，业绩尽管超过了某某某，却损害了他人的利益。再比如，你想要一台车，而且要车的意志很坚定，但你没有钱，却想办法从父母处拿钱，这也是一种意志不纯正的表现。

坚定的意志可以改变你认为无奈的世界，而不纯正的意志可以降低你做人的素养，纵使你改变了眼中的世界，你的心中依然是阴暗的；纵使你有足够的学识，也不能成为真正的优秀之士。

意志不坚定，但纯正，不胜也荣；意志坚定，但不纯正，胜之不武。意志坚定，且纯正，才是一个优秀人士的黄金素养。

困难面前，不求怜悯

无论如何困难，不可求人怜悯！

——柏拉图

柏拉图的著作《苏格拉底之死》不仅向我们展示了苏格拉底的部分思想，同时也体现了柏拉图的部分观念。柏拉图出生于公元前427年5月7日，来自一个名门贵族的家庭，因为其体貌特征，被人们称之为柏拉图，意思是肩宽或者额头宽。20岁时跟着苏格拉底学习，苏格拉底死后柏拉图离开雅典，在埃及、意大利和西西里岛等地游学12年。纵观柏拉图的一生，他曾遇到过很多困难和挫折，但他从来没有低头放弃。这一点，我们可以从他描写苏格拉底的著作《苏格拉底》中看出。

在柏拉图的笔下，苏格拉底是一位能够影响西方哲学发展的人物，但是他没有留下任何著作，他的思想与观念基本上是由他的两个学生柏拉图和色诺芬记载成书。所以，要了解真实的苏格拉底和其思想是比较困难的。但是，反过来，我们可以从记载他的著作中了解著作者的思想理念，比如《苏格拉底之死》的作者柏拉图。

据柏拉图记载公元399年4月的一天，希腊501名普通民众组成雅典法庭，以“创立新神，放弃旧神”的名义判处苏格拉底死刑。面对死亡，苏格拉底依然坚持着自己的思想，每天和前来看望自己的学生和朋友探讨哲学问题。

其实，审判者并非一定要置苏格拉底于死地，只要他表示悔过，不再传播自己的思想，审判者就可以放其生路。当然，苏格拉底也知道如何逃避死亡，只要自己“闭嘴”，就可以逃避死亡，对于审判者来说这是智慧的表现。而苏格拉底并没有这样做，在法庭上他依然不屈不挠，冒天下之大不韪，坚持自己的立场、宣扬自己的思想，从而激怒了审判者。即使在喝毒药之前，苏格拉底还镇定地洗了澡，给妻儿留下遗言，坚定地离去。

苏格拉底是柏拉图最崇拜的老师，其思想在一定程度上也是柏拉图的思想。面对死亡，为了追求心中的正义，苏格拉底没有祈求怜悯，没有求饶，柏拉图对于这一做法是十分认可并崇拜的。

面对死亡都应该祈求怜悯，那么对于困难来说，我们更不应该祈求怜悯。不管在生活还是工作中，我们会遇到各种各样的困难，这些困难也许可以通过努力解决，也许一时半会我们通过自己无法解决，让自己陷入困境。不管怎样，我们都不可以祈求他人或者他物的怜悯，怜悯等于低头，如果你向对方低头，就等于向困难低头，也等于放弃了你心中的正气，久而久之，你会变成一个可怜又可悲、喜欢依赖别人的人。

古罗马哲学家绪儒斯说："乞求怜悯的事业不会是堂堂正正的事业。"如同总是依靠他人的怜悯来做事业，那么这就不完全是你的事业，你在事业伙伴面前总会低人一等。德国元首纳粹党党魁希特勒曾说："怜悯是一种原罪。怜悯弱者是违背自然的事。"在人类发展的历史中，出现困难是一件非常正常的事情，运用自己的力量解决困难是人类发展的主方向。面对困难，如果你总是祈求怜悯，是一种人性罪，这种罪过的惩罚就是让你失去自我。

享受当下，珍惜拥有

我们一直寻找的，却是自己原本早已拥有的；我们总是东张西望，唯独漏了自己想要的，这就是我们至今难以如愿以偿的原因。

——柏拉图

每个人都有梦想，都有自己所追求的目标，实现梦想、完成目标是一个人一生中一直需要去做的事情。在追求梦想与完成目标的过程中，我们会变得更加积极努力，会更加具有正能量。然而，当一件事情过度之后，它便会给我们带来痛苦，让我们失去幸福。

有些人为了实现梦想、完成目标，几乎将自己所有的时间、精力都放在了上面，从而忽视了自己所拥有的。我们知道，在追寻的路上，其实是一个刺激而又痛苦无奈的过程，而你现在所拥有的，才是能真正感受到幸福快乐的东西。那么，当你忽视当下、忽视你所拥有的东西之后，你便忽视了幸福与快乐，所能感受到的就只有压力、刺激以及痛苦。

有这样一个故事，有一个年轻人很贫穷，是无房无车的月光族，几乎一无所有。他刚入职场时，看到别人开着汽车上班，很是羡慕，心想，如果自己拥有一辆车，那该是一件多么幸福的事情啊！他可以带着女朋友去郊游，开着它去参加朋友的婚礼，应该是一件非常有面子的事情。于是，他为了能够拥有自己的汽车而努力工作。两年之后，他的梦想实现了，买了一辆属于自己的汽车。

刚开始的时候他感觉非常地快乐，开着汽车到处转悠。一个礼拜之后这种快乐没有了，取而代之的是想买一套房，于是，他辞职创业，将所有的时间和精力放在了赚钱买房上。5年之后，他完成了目标，按揭了一套属于自己的房子。交房那天，他非常兴奋，一大早就来到了售楼部。之后几天便是快乐的装修。住进新房的3个月后，这种快乐也没有了，取而代之的是想买一套别墅，他觉得住别墅才会让自己有面子，才是高端人士的生活方式。为此，他将所有的时间和精力放在了开发新项目、拓展新产业上，每天面临着压力与风险，面对银行的贷款压力，夜不能寐。表面看来，他是一个有身份、有钱的成功人士，而在了解他及他自己看来，自己过得非常痛苦。

又是三五年过去了，买别墅的目标依然没有实现，而压力与痛苦每天依然承受着，不知道何时才是尽头。

追求梦想实现目标没有错，这是一个优秀人士所必须具备的意识。但是，人生一世，除了追寻，还应该懂得享受当下的东西，感受生活的美好和人生的美妙。很多人一直在寻找，而当你静下心来思考你想要的东西时，你会发现，有些东西其实你已经拥有；当你东张西望寻找的时候，你可能已经忘记了你真正想要的东西。

柏拉图说："获致幸福的不二法门是珍视你所拥有的，遗忘你所没有的。"寻找是为了获得幸福，当你拥有的时候，就应该懂得享受其中的幸福，珍惜你所拥有的。抽取一小部分时间享受你所拥有的，感受幸福。花费一部分时间追寻更多的幸福，在感受幸福中去追寻，这样你才不会辜负你的人生。

时常反省，价值倍增

没有反省的人生不值得活。

——柏拉图

在柏拉图起初的政治思想中，他认为国家应该由哲学家的智慧来治理，而不是用法律条款来统治。法律法规与哲学家的智慧相比，前者如同没有月亮星星的夜晚一样暗淡。为此，柏拉图曾三次来到西西里岛，跪倒在城邦僭主面前，希望把他改造成为哲学家，结果被城邦僭主卖为奴隶。

现实打碎了柏拉图哲学智慧统治国家的思想。现在看来，《理想国》固然美好，但与人性的私欲会产生很多矛盾，显然不可能实现。如果没有法规，就等于人没有了约束，而私欲是人的天性，当人的私欲出现时，那么社会必然无法管理。

所以，柏拉图曾在晚上的著作中这样反省：“如果一个国王不愿意成为哲学家，或者哲学家不愿意成为国王，那么，法治要比人治好。当一个国家的法律处于从属地位时，国家就没有了权威，而且极有可能会毁灭；当一个国家的法律在官吏之上时，也就是说当官吏也要服从法律的时候，国家就会获得诸神的保护与庇佑。”

尽管柏拉图的反省有些晚，但他用事实告诉我们，如果一个人能够时常反省，那么他的人生价值就会成倍地增加。

世界上没有一个十全十美的人，也就是说每个人都会犯错误，犯错误是人生旅途中极为正常的事情。对于一个人来说，重要的是在犯了错误之后，是否能够及时反省，是否能够及时认识到错误。

关于自我反省，大多数人都明白这个道理，但有些人只是口头上说说而已，没有真正地去反省，没有认识到错误的根源，这便起不到反省的作用。有些人的确进行自我反省了，但反省的方法不多，刚开始找自己的问题，渐渐地变成找别人的问题，成了反省别人。显然，这样的反省对自己没有任何作用，反省不只是说说而已，也不是反省他人，而是一次深入的自我认识。

当然，反省不仅仅是犯了错误之后进行，在平时以及取得不错的成绩之后，都有必要进行自我反省。在平时，时常进行自我反省，有助于提升自己的不足，比如当你工作一天之后，晚上躺在床上反省一下自己，那些还可以做得更好，无形中你就会变得更加成熟、强大。当你取得业绩之后，在庆祝之余反省一下，你将会取得更好的业绩。比如某项目获得巨大成功，庆祝之后反省一下自己，如果换一种方式或者方法做某事，是不是会取得更好、更大的业绩，这样今后你在做同样的事情时，你便会有更大的收获。

试想一下，你的人生如果没有反省那会怎样呢？做事情时，你只能依靠经验而进行，不能清晰系统地认识到自己的不足与改进方式。比如第一次你犯错误之后，第二次你可能不会犯同样的错误，但极有可能会犯其他错误；当你第一次成功之后，第二次你可能也会成功，但不会取得更大的成功。

所以，人生需要时常反省，即使做不到每日反省，也有必要每周、每月反省一次，这既是对自己负责，同时也是一个人成功强大之道。

唯有开始，才有可能

开始是工作的最重要部分。

——柏拉图

当下，有太多的人热衷于口头说说，而没有付诸实际行动。尽管讲得很精彩、很有规划，而如果没有行动，一切都将是零。

首先，我们来探讨一下成功与失败，这两种天壤之别的结果其实都值得点赞。成功固然值得庆贺，但失败同样也值得尊敬，因为你开始了，你行动了，如果没有开始，你连失败的资格都不会有。

生活或者工作中经常会遇到这样两类人，一类能说会道，有理有据，是辩论帝，但不见行动；一类默默无闻，心中有计划、有规划，默默行动。起初，前者总能够讨得人们的喜欢，与他聊天你会感到无比快乐，但渐渐你会发现，对方在有些事情上只是说大话而已，因为你从来没有见到他行动过。后者刚开始可能不怎么招人待见，因为在交际中他不能带给你快乐。渐渐地，你会喜欢并崇拜他。前者只说不做的事情他去做了，不管结果如何，在周围总能产生较大的影响力。

俗话说："行动是成功的开始。"任何事情的成功都源于开始，如果仅仅是思考等待，改变不了任何现状，1永远是1，始终不会变成2。只有行动起来，1才有可能变成2，甚至3、4或者更多。

在宇宙中，人只是一粒看不见的尘埃，不会有什么轰轰烈烈的大事，日复一日、年复一年的工作是人的职能。正是我们每天所做的一些小事情，最后组成了成功的大事。当然，行动是需要吃苦的，是需要遭受各种压力与挫折的。生活就是如此，不吃苦，不承受压力，就不会有结果，哪怕是失败。正是开始之后的那些苦难与挫折，成就了我们丰富多彩的生活，给我们留下了美好而又浪漫的记忆。

行动是成功的开始，开始是工作的重要部分，而开始需要一定的勇气。曾有这样一个朋友，在大学的时候，他对自己的人生进行了缜密的规划，比如毕业之后先做什么，达到什么程度之后再做什么，而后做什么，可谓计划周详。好友们都非常羡慕他这样的规划，对他充满信心，每个人都相信他将来一定会成功。

毕业之后，他步入社会，然而他开始迷茫了。尽管当时想得很好，但就是没有勇气开始，只好找了一份工作来养活自己。就这样，一天天、一年年过去了，他大学时的规划依然是规划，他当初畅想的成功一直都没有实现。

人生必然要工作，而工作需要开始，开始需要勇气。即使是再好的规划、再好的畅想，如果没有开始，就不会有任何成功的可能。当你规划人生的时候，同时将开始的勇气也规划进去，等时机成熟时，拿出勇气，勇敢开始；当你规划事业时，放弃等待的想法和时间的限制，当一切具备时，尽快开始，不管结果如何，开始便是成功的一半。

很多人觉得当下的世界让自己很无奈，对自己很不公平，其实不然，它只是对你不公平，只是让你感到无奈，对于有些人来说，世界是公平的，感受不到任何的无奈。如果你没有勇气去改变它，你将会永远遭受这种无奈与不公平。

不管是工作、生活还是社会，有可行的规划与想法，就尽快开始，不要等待，不要彷徨，可能你会担心开始之后会失败。也许，当你开始之后会出现很多你意想不到的机遇，就有取得成功的极大可能性。

竭尽全力，无悔过程

无论你从什么时候开始，重要的是开始后就不要停止；无论你从什么时候结束，重要的是结束后就不要悔恨。

——柏拉图

尽管柏拉图的有些思想起初并不是那么完美，经过自我反省进行纠正。但对于这个过程来说，相信柏拉图一定不会后悔，因为他经历过，他尝试过，对于他来说这也是一种人生财富。

很多人担心失败，惧怕失败后的结果让自己没有面子、名誉扫地。其实，一个人在做一件事情时不能只看重结果，而要懂得享受过程。结果只在一瞬间，也许让你兴奋，也许让你垂头丧气；而过程则是一段很长的时间。也就是说，我们做一件事情时，很多时间和精力都在过程当中，享受过程也是一个人做事的初衷。

我们常说：不管结果如何，我都不会后悔，因为我尝试过。这段话经常出现在一些创业人士身上，也是这段话鼓励着他们坚持着自己的梦想，努力去实现目标。当然，有相当一部分人在做事失败后会感到后悔，心里总是在埋怨自己："当初真不应该做这件事""真后悔当初的开始"等，既然事情已经结束了，后悔又有什么用呢？只能让自己感到不痛快，打击自己的自信心，其他别无益处。那么，我们如何才能做到不管什么时候结束，结束后就不要后悔呢？

首先，做有意义的事情。记得《士兵突击》中许三多说过这样一句话："我爹说了，人活着就要做一些有意义的事情。"所以，尽管在他人看来许三多做了很多很蠢甚至徒劳无功的事情，而对于许三多来说，那都是一些有意义的事情，所以他从来都没有后悔过。同样，我们在做事情之前，也要考虑这些事情是否对自己、对他人甚至对社会有意义。如果是，那么就大胆地去做，不要过多地在意结果，相信在做事的过程中你会感到无比地快乐与满足，不管最后结果如何，你都不会感到后悔。

其次，做有价值的事情。人活着要有价值，做事同样也要有价值。在爱情中，两个人分手之后，付出多的一方总会说："没关系，我已经尽力了。"他之所以说他尽力了，是因为他觉得为对方付出的有价值、值得，所以他不感到后悔。工作中同样也是如此，只要你觉得你已经尽力了而不感到后悔，那就说明对于你来说你做的事情是有价值的。所以，做事情之前先考虑它是否有价值，这样你也不会感到后悔。

柏拉图说："不管你从什么时候开始，重要的是开始后就不要停止。"这是在告诫我们，做事不要半途而废，要有持之以恒的决心；这更是一个成功人士必备的素养，当然，前提是你所做的事情有可行性、有前景。

生活中不乏有一些浅尝辄止、半途而废的人，放眼望去，这些人都很难成功。经常听到一个人对另一个人这样炫耀：“你看那谁谁，别看他现在是国内某行业的大佬，想当初我也是跟他一起创业的，只不过后来我放弃了而已。”说话者的意思无非是想表达我也差一点成为成功人士，也曾和现在的成功人士一起共事过。但也正好说明了他是一个浅尝辄止、半途而废的人，甚至说他目光短浅、没有恒心，事实上并不值得炫耀。

总之，当你决心做一件事情时，开始之后就要勇敢地坚持下去，不要忘记自己的初衷，不管最后结果如何，都不要后悔，要懂得享受其中的过程。

良好开端，成功一半

良好的开端，等于成功的一半。

——柏拉图

在教学方面，柏拉图的思想几乎涉及各个方面。他第一个确定了心理学的基础划分，并与教学密切联系起来，充分发展学生的思维能力，从事物的本质探讨问题。正是他的这些思想，给了后世的教育家很多启迪。换句话说，柏拉图的教学思想引领了全球教育的走向，促进了教育事业的发展。

假设没有柏拉图的教育思想，那么当前的教育思想可能不会发展到当下这种阶段。所以，柏拉图说："良好的开端，等于成功了一半。"

很多人都会有这样一种感受：在上小学的时候老师教我们写字，当我们第一个字写得很工整的时候，后面的字都会书写得很自然，或者老师会在我们的生字本上写一个很工整的字，然后让我们跟着写，我们同样也会写得很工整。这是因为我们自己或者老师给我们带了一个很好的头，这个好的开头引导着我们更加优秀地去完成。

做任何事情，如果你有一个精彩的开始，那么你的信心会倍增，做事的成功率也会递增，自然就等于成功了一半。记得有一次参加企业拓展训练，我们来到一条河边。河上有一座独木桥，河水急速从桥下流过。教练让我们从桥上走过去。

当我走到桥边，看到桥下湍急的河水胆怯了，心中充满了恐惧，随后我告诉教练，我不敢走。教练说："没关系，只要你站在桥头走出一步，我就算你成功一半，你看行吗？"由于很多同事都在看着我，尽管心里有些害怕，我也只能答应。我小心翼翼地来到桥头，鼓起勇气迈出了第一步，这时我发现其实并没有那么可怕，觉得自己可以走过独木桥，于是我又接着迈出了第二步、第三步……直到走到对面桥头。

下来后，教练对我说："听我的没错吧，你现在不是成功了一半，而是彻底地成功了。"是啊！人生又何尝不是如此呢？前面我们解读了柏拉图"开始是工作的最重要部分"的思想，而开始得是否精彩、质量如何也影响着最终成功与否。

一方面，良好的开端可以给予我们更多的信心，让我们不再胆怯，不再害怕，更加有勇气完成要做的事情。比如你在做演讲的时候，一段开场白便迎来了场下热烈的掌声，这时你心情如何呢？必定激动万分，信心满满，即使一些没有备课的内容此时也想讲给在场的观众听，而且你会越讲越有激情、越讲越兴奋。反之，你的开场白台下没有强烈的反应或者没有反应，很多人只是没有表情的鼓了几下掌，这时的你必然也会有些失落，心想"自己是不是讲得不好呢！""听众是不是不喜欢呢！"这时，你讲下面的内容时就会有些胆怯，生怕听众有异议，在这种情绪下，你的发挥自然不会好，演讲效果自然也会降低一半。

另一方面，良好的开端是一种坚实的基础，是做事的基石，如同建房子，地基打牢固了，我们建二层和三层的时候心里就会更加踏实，不会担心它倒塌。比如领导派你开发一个新市场，经过你前期的准备，第一阶段市场开发效果很好，那么在进行第二、第三阶段时，你还会像第一阶段那样担心吗？当然不会，因为你已经有了很好的基础，接下来的工作会更加顺风顺水。

所以，任何事情只要开始，一定要有一个良好的开端，这是提升自己信心、为成功打基础的重要阶段，我们每个人都应该有这样的素养和意识。

告别懒惰，永别疏忽

懒惰是怯懦的儿子，而疏忽是懒惰的儿子。

——柏拉图

懒惰是人们最不喜欢的一个词，没有人喜欢懒惰，也没有人喜欢懒惰之人。然而，尽管每个人都不想成为懒惰之人，但仍有一些人做着懒惰的事情、装着懒惰的心理。

懒惰之人必有懒惰之心，心生懒惰所以行动才会变得懒惰。这类人总是很让人不喜欢，做事拖拖拉拉，没有时间观念，执行力差。通常，我们所认为的懒惰是不爱劳动、不喜欢工作，判断任何事物的标准都需要一个参量、一个对比物。懒惰的对比物就是勤劳，如果没有勤劳，就不可能有懒惰的出现。当然，如果没有懒惰，也就不会有勤劳。除此之外，还有很多表现懒惰的症状，如下：

第一，不能心情愉快地与他人沟通，尽管你特别希望这样做。这也是一种懒惰的表现，比如你要去拜访一位客户，因为有些困难，特别不想去，而由于职责所在，又不得不去。于是你去那里，但总提不起心情，这便是因为懒惰的心理所致。

第二，不爱运动，不爱从事自己喜欢的事情。生命在于运动，很多人都明白这个道理，但很多人始终不能付出行动，即使自己有时间，也用各种借口找理由，比如今天很忙，早上休息会儿，下午有事要办，甚至连自己喜欢的事情也不愿意去做，等等。如果是这样，你身上就已经有了懒惰性。

第三，沉迷于思考，但就是不付诸行动。喜欢思考本是一个人的优势，但如果仅仅是思考，沉迷于思考而不见行动，这就说明你有懒惰的心理。

第四，日常生活无要求，不讲究卫生。有这样一类人，他们的日常生活很随意，早上想几点起床就几点起，晚上想几点睡就几点睡，好几个星期才洗一次澡，而且成了一种常态。显然，这种人的懒惰心理已经“深入骨髓”。

第五，没有时间观念，今日事经常会拖到明天。这种现象在很多人身上都有体现，本是早上8点开会，每次都掐着表赶到，或者会拖延几分钟。本是计划今天要完成的工作，由于睡了一个午觉没有完成，于是想：“今天已经不早了，明天做吧！”这种懒惰是一种习惯性的懒惰。

第六，总是感觉到身心疲惫，提不起精神。很多人都有这样一种体验，当你睡觉时间过长时越想睡，越睡越不想起床，越觉得慵懒，即使起床也提不起精神。而那些起床很早的人，看起来总是那么精神、那么有活力。同样的道理，如果你长期感到身心疲惫、没有精神，就要考虑自己是否在那些事情上有懈怠。

综上所述，懒惰是一种心理作用，是懒惰的心支配着你的行为，只有改变自己的心理，才能改变懒惰。其实，不管是哪一种懒惰状态，都有一个因素夹杂在里面，那就是怯懦。不敢于改变，不敢于面对，害怕打破自己的生活习惯，为此，懒惰成了你的一种习惯而不自知，而且没有人会告诉你是懒惰之人。

柏拉图说："懒惰是怯懦的儿子，而疏忽是懒惰的儿子。"的确，因为怯懦，所以懒惰；因为懒惰，所以你疏忽了很多事情，而不去主动改变，降低了我们生活、工作乃至人生的质量。

拖延时间，压制愤怒

拖延时间是压制恼怒的最好方式。

——柏拉图

愤怒是一种极端的情绪表现，在愤怒状态下，人们往往会做出一些不可理喻而后感到后悔的事情。显然，尽管每个人都有愤怒的欲望，都曾经愤怒过，但我们都不想被愤怒蒙蔽双眼，让愤怒牵着走。所以，虽然我们心中会不期而遇地出现一些愤怒的欲望，而我们需要用一些方法和技巧来排除引导，提升自己为人处世的素养。

这是一件真实的事情：有这样一个家庭，父亲71岁，母亲70岁，有四个女儿和一个儿子。父亲的身体一直很硬朗，待人也很好，就是有时候脾气不是很好。母亲是一位和蔼慈祥之人，虽然从来没有上过学，大字也不认识几个，但待人非常热情，从来不与人争执，就是身体不太好。

这一天，父亲和子女们商量要给母亲过一次70大寿，出嫁的女儿带着孩子纷纷从四面八方赶来，买了很多好东西，做了满满一桌子菜。儿子因为从小不喜欢上学，所以一直在家种地务农，种一些果树、草莓、蔬菜等去街上卖。这一天，草莓成熟了一地，如果不摘了去卖，第二天就会烂在地里，所以儿子很早就拉了一车草莓去街上卖，这期间还给母亲定了一个蛋糕让媳妇带了回来。

女儿们把菜做好之后一直等着儿子回来，一起给母亲过生日。可能因为这天行情不是太好，一直到很晚儿子才拖着疲惫的身体拉着空空的车子回到家。由于已经很晚，儿子迟迟不回家，父亲已经非常生气，虽然并没有表现出来，但心里一直在埋怨着儿子。

当他看到儿子回来之后，父亲走到院子，带着埋怨的情绪说的第一句便是："怎么这么晚了才回来，不知道要给你母亲过生日啊！"儿子随意回了一句："今天行情不是太好，我总得把草莓卖掉吧，要不明天坏了还怎么卖！"

听到儿子这样说，父亲的怒气瞬间爆发了，开始大声指责并谩骂儿子，然后生气地走到屋子，当着所有女儿的面，拿起桌子上的筷子一折两段，扔在地上，大声说："都别吃了，回家吧！"二女儿看到这种情况，上前劝阻父亲，也被父亲指责了一通。最后，大家在压抑的情绪中吃完了这顿饭。

第二天，母亲向父亲说起前一天的事情，父亲有些内疚地说："都是我的不对，当时的确太生气了，都怪我扫了儿女们的心意。"

这个故事来自一个农村家庭，他们不懂得愤怒所带来的危害，但却尝到了愤怒带给自己的不良后果。试想一下，如果当时父亲能够控制心中的愤怒或者化解心中的不满情绪，那么，他的愤怒欲望就不会爆发，也就不会让儿女们难堪。

我们把愤怒比作是一种毒药也不为过，它的破坏力相当强，能够让很多本是顺利的事情变得坎坎坷坷。比如你去谈客户，如果你有愤怒的情绪，对方就会放弃；你去谈对象，如果你因为一些小事而生气，对方也会离开等。

为此，我们需要控制调节愤怒。最好的方法就是拖延时间，让时间来化解你心中的怨气和不满。当你心中有愤怒的欲望和不满的情绪时，压制它，告诉自己，过一会儿再发泄。一段时间过去之后，你会发现你原先的愤怒已经不见了，很多事情已经想通了，没什么东西可以发泄了。这便是做人的智慧，也是一个成熟人士该有的素养。

有想法，就有可能

我们的生活有太多无奈，我们无法改变，也无力去改变，更糟的是，我们失去了改变的想法。

——柏拉图

生活中总有一些让我们感到不如意的事情，房价太高，我们无力买房；工资太低，我们无力养车；和同事领导有矛盾，生活总是那么不愉快；职位长久不变，总觉得没有前途；出门太堵，让人总是感到很郁闷、很无奈。

从表面上看，有太多事情压抑着我们的心情，我们感到无可奈何，也无力改变。比如高房价，这是一种宏观经济所导致的结果，关系到各个方面。对于普通人来说，以一人甚至一个企业的力量自然无法改变，似乎我们只能接受；低工资、低待遇，这与一个城市的消费水平、经济水平、人力成本有很大的关系，一个普通人当然也无法改变，诸如生活很多烦心事如堵车、非法竞争等，一个普通人要改变它，的确不可能。

但是，如果我们换一个角度、换一种思维去思考这些无奈的事情，我们的心情也许就不会那么无奈，你的人生境界也会大有不同。对于有些事情不要总觉得无可奈何、无法改变，不妨自己试着去改变它，尽管你一个人无法改变现实，但你在做的过程中会发现，你的心会变得更加积极、更加具有正能量。

比如堵车，试着在没有紧要事情的时候骑自行车去上班，用这样一种小小的举动来改变堵车的无奈，当你这样做的时候你会发现，堵车的烦恼没有了，而且会因为你没有开车给城市减少了一份拥堵而感到自豪和开心。很多事情都是同样的道理，生活中遇到很多无奈且无力改变的事情时，从自己的角度出发，先试着改变自己，化解你心中的无奈，会让你的心情变得舒畅。有些看似无法改变的事情，当你试着去改变后，最后真的会改变。

有一个朋友去一家公司做副总，没想到总裁是一个非常独裁的人，只要他认准的事情，对于他人的意见根本听不进去。朋友与总裁沟通了很多次，都无济于事，还隐晦地告诉这位朋友，觉得不合适可以走人。离职很容易，但刚来公司不久，现在离职会使得他的职业生涯不是那么完美。如果不离开的话，那他与总裁的工作实在无法改变，这让他感到很无奈。

后来一位朋友告诉他，不妨先改变自己，迎合总裁，最后慢慢去改变与总裁的关系。这位朋友这样去做了，刚开始，尽管总裁依然不重视他人的意见，但他们之间的矛盾少了。随着工作及关系的深入，总裁开始重视他的意见，甚至有什么事情都会征求他的意见。

在古代，要让铁疙瘩在天上飞，这是一件不可思议、根本不可能实现的事情，如今有了飞机，将这种不可能变成了可能；爱迪生在发明电灯泡之前，谁也不相信晚上会像白天一样明亮，如今实现了。有太多的事例告诉我们，没有什么不可能，只要我们敢想敢做，任何事情都会有所改变，只不过是个时间问题。生活中的无奈与社会的发展相比没有什么大不了，面对无奈和看似无法改变的事情，从自身做起，先改变自己，一些无奈就会减少，甚至改变。

经住诱惑，留住价值

人的价值，在遭受诱惑的一瞬间被决定。

——柏拉图

人生在世，花花世界，有很多让我们趋之若鹜的东西，经常诱惑着我们。是否经得住诱惑，决定着一个人的人生价值。经得住诱惑的人往往是意志坚定的人，这类人不管做什么事情都能够坚持自己的原则，执行力较强，个人魅力也较高。而那些不能有效抵制诱惑的人，大多是一些朝三暮四之人，今天他觉得A是正确的，因为某些诱惑，明天就会认为A是错误的，贪官污吏大多是这一类人。

在人的一生中，具有诱惑力的东西大致有这些：

第一，金钱。钱是社会关系中的一种工具，从价值的角度来看，它只是一张废纸，不具有什么价值。但是，当这张纸能够置换其他物品的时候，人们便给它赋予了价值。所以，钱不是万能的，但没有钱是万万不能的。有了钱，我们可以买大房子、豪车，买自己喜欢的任何东西。所以，任何人都喜欢钱，这没有错，但我们不能因为钱而去做一些违背良心和道德的事情。比如有人把两万元放到你眼前，让你做伪证，去陷害一个和你不相干的人，你会做吗？

面对如此诱惑，也许你会犹豫，这没有关系。但如果你去做了，那么你就是一个没有价值观、没有道德观的人，你的个人价值也将一文不值，终有一天，你会为此付出沉重的代价。俗话说："君子爱财，取之以道。"虽然金钱可以让我们的生活过得好一些，让我们有酒喝有肉吃，但我们应该客观地来看待它，将金钱与自己的人生价值相隔离，不要将两者混为一谈。很多贪官污吏以及所谓的“大老虎”都是因为没能抵得住金钱的诱惑而走进了大牢，终生荣誉毁于一旦，给后人留下骂名，亲手摧毁了个人价值。

第二，美色。这里所指的美色并不是风景，而是美女的诱惑。记得在上大学的时候，和舍友一起去食堂吃饭，看到一个漂亮的女孩打饭，然后他对我说：“真是秀色可餐啊！”每个人都喜欢漂亮端庄的人，男人喜欢漂亮的女人，女人喜欢帅气的男人，从人性的角度讲这是人的本性。爱江山更爱美人，他们将美人和江山放在了同等地位。这都无可厚非，重要的是我们在美色的诱惑下，是否只是保持欣赏的状态，而不会因为美色误国误事，失去做人的原则，抛弃人生价值。

近年来，有很多新闻报道了一些人被美女诱惑，做出了一些不地道、不道德、伤天害理之事，这都是自我价值缺失以及流失的体现。

第三，权力。权力是地位的象征，在当今社会，有了权力人们就会仰慕你，就会佩服你，就会奉你为老大，为此，很多人为了权力不择手段。追求更高、更大的权力没有错，但如果为了权力而打破自己做人的原则，改变自己的正向价值观就是一种错误，就是一种个人素养不健全的表现。

柏拉图说：“一个人不应受名誉、金钱和地位的诱惑，去忽视正义和其他德行。”当你面对诱惑的时候，你的想法是什么？

随后会有什么举动？这两种状态决定着你的个人价值。那些能够名留青史，让我们佩服的人大都是一些能够经得住诱惑的人，他们通过自己的能力证明了自己的价值，升华了自己的素养。

耐住寂寞，人生不止

人生不止，寂寞不已。

——柏拉图

柏拉图的思想影响了西方哲学的发展，但在当时，柏拉图的思想观点不被人们认可的时候，他是寂寞的。如同一个人在黑夜行走，他只能依靠自己的意志继续传播和研究自己的思想，来赢得人们的认可。所以，当时他是寂寞的，如果当时耐不住寂寞，放弃自己的思想，那么今天我们就不会知道有柏拉图这个名字。

耐得住寂寞是人生的一种境界，试想一下，如果把你放在一座山上生活3年，薪资是你现在的3倍，你能做到吗？你可能会说："我能！"其实不然，当把你真正处于那种环境、那种位置之下的时候，用不了多长时间你会感到无比地寂寞，打破你当初坚定的承诺。

某电视台举办了一个叫《我们15个》的真人秀节目，15个人拿着5000元钱，有一个非智能手机、两头牛和一些鸡，在荒凉的平顶山上生活一年，不能与外界联系，他们要通过自己的劳动获取收入，维持生活。他们能够坚持下来吗？显然，在那样的环境下，每个人都是寂寞的。据相关报道，有些人因为与外界联系违反规则而被替换。与其说这是一场真人秀娱乐节目，不如说这是一场对人性寂寞考验的节目。那些人之所以会偷偷地与外界联系，主要原因是他们耐不住寂寞，所以，对于整个节目来说他们失败了。

耐得住寂寞，才能拥有长久的繁华。但凡那些成功之人，都有一段寂寞的时光。哪个时候没人支持，没人帮助，天是昏暗的，而恰恰就是在这段时光，成了他提升个人素养、获得成功的关键阶段。如同黎明前的黑暗，只要你熬得住，天也就亮了。

马云是一位耐得住寂寞而最后成功的人，当年马云有了做电商的想法之后，找了国内很多的企业家、投资者合作，他们一听到马云的想法和商业模式，认为马云是一个疯子，是一个骗子，没有一个人愿意支持他。那个时候，马云是寂寞的，他没有伙伴，没有支持他的人，只能一个人坚持自己的想法，并艰难地实施。如今，他成功了，成为电商界的大佬，被人们奉为电商领袖，而人们所不能感受到的是他当初创业时的寂寞与无助。如果他当时耐不住寂寞，放弃他的想法，做当时很热门的产业，那么今天他就很难获得这样的荣誉。

在这个工作和生活压力剧增、竞争激烈的社会，很多人根本不会感到寂寞，而越是在这个时候，深解“耐得住寂寞”的含义，不要把大量的时间和精力用在灯红酒绿、功名利禄之上，不要为了躲避而麻醉自己。忍受该有的清苦，修炼自己的素养，静下心来追求你的人生，这时你的胸怀会开阔很多。

寂寞是一种环境，是一种氛围，是一种素养，更是一种心境，历史上一些成功的人都不会为环境所左右，勾践卧薪尝胆，最后成为春秋霸主，寂寞修炼了他的心境，也让他成为一代枭雄；屈原被放逐后，写出了源远流传的《离骚》。

人的一生，是一个伴随寂寞度过的过程，你可以用很多方法逃避寂寞，但也可能会错过很多机遇；你可以忽视寂寞，但也可能会阻止人生价值的提升。不害怕寂寞，耐得住寂寞，是人生之本。

第三章

智慧

——智慧是一种神圣的品质

做个有智慧的好人

好人之所以好，是因为他有智慧；坏人之所以坏，是因为他愚蠢。

——柏拉图

何为好人？何为坏人？通常，我们对好人的定义是有一颗善良和正义的心，善于帮助他人，站得端、行得正，能够维护正义和公平，路见不平可以拔刀相助。而坏人的定义不是说他们不会做好人会做的那些事情，而是他们会做坏事，如侵害他人利益、为了一己私欲陷害他人等。

柏拉图说："好人之所以好，是因为他有智慧；坏人之所以坏，是因为他愚蠢。"对于这个命题，我们需要把智慧与对好人和坏人的定义结合起来，才能了解得更加深入。

相信大多数人都看过电影《无间道》，从宏观来看，这部电影讲的是好人与坏人的较量，智慧与愚蠢的较量，里面相互穿插着好人、坏人、智慧、愚蠢等因素。电影中在天台上，有这样一段经典台词：

"给我一个机会。"

“怎么给你机会？”

“我以前没法选，现在我想做个好人。”

“好啊，去跟法官说，看他让不让你做好人。”

“那就是让我去死。”

“对不起，我是警察。”

“谁知道？”

其实，世界并非我们大多数认为的只分单纯的好与不好，它就像一座大型的游乐场，有简单的游戏和复杂的游戏，有的人选择高难度的游戏玩，有的人选择简单的游戏玩。当好人变成坏人之后，他就是坏人；当坏人变成好人之后，他就是好人，而有些人既做好事又做坏事，我们就很难定义他是好人还是坏人，通常，我们会主观地认为他就是坏人。

智慧如果被好人运用，他就会变成更好的人；如果被坏人运用，他就会变成更坏的人。历史中不乏有一些有智慧而又老谋深算之人，他们虽然被称之为坏人，但他们的智慧不得不让我们佩服，但又有多少人认可他的这种智慧呢？当然，也有一些有智慧而又名留青史的好人，比如三国时期的诸葛亮、近代的张学良等，他们有一颗善良和正义之心，加之智慧的思想，所以他们才会名留青史。

所以，不管你有没有智慧，你首先要做一个好人，具有正义的心态，懂得助人为乐，能够让人们认可你。但凡一些优秀之人，都是被人们所认可的人。比如在你身边让你骄傲的同事、你愿意谈心的朋友，他们大多都有一个共同特点，那就是正义，能够客观公正地看待任何事情。

成为好人，加上智慧，他们就很容易变成一位成功人士。为什么很多企业家都热衷于做慈善事业，做慈善当然是好人所为，这是因为前期他们用智慧成功了，且不说前期他们是好人还是坏人，大多成功的过程是相当艰难的。做善事的目的是让大家认可他是一个好人，或者让自己变成更好的人，这样不仅有利于他事业的发展，更有助于提升他的影响力。如果他在前期创业的时候本身就是一个好人，在有能力的情况下始终坚持做慈善，那么，他的成功一定会更快，创业一定会更顺利。

所以，我们不仅要做一个好人，而且要做一个有智慧的好人，这样我们才能在人际关系中立于不败之地，才能被社会所认可、被更多的人所铭记。

放弃该放弃的，坚持该拥有的

人生最遗憾的，莫过于轻易放弃了不该放弃的，固执地坚持了不该坚持的。

——柏拉图

无论工作中还是生活中，我们总会抱怨，工作或生活为何如此地不如意，为什么得不到自己想要的，不经意间总会与一些优秀人士对比攀登，别人有豪宅，我也要有，别人有豪车，我也要有，这使得我们的生活大多时候总是在抱怨、自责，渐渐地失去了自己，成为消极思想和情绪的奴隶。

生活应该是幸福的，应该是用来享受的，而要做到这一点就应该做生活的主人，而不是被生活牵着鼻子走，固执、钻牛角尖可能会让我们失去更多的东西，有些事情，越是在意，失去的也会越多，所以，我们应该懂得放弃该放弃的，坚持该拥有的。

那么，哪些东西该放弃？哪些东西该坚持呢？

有这样一个具有神话色彩的故事：从前，有一个老婆婆信佛念六字大明咒“唵嘛呢叭弥吽”，十年如一日，每天都要念好多遍，她每读一遍，就会往盘子中放一粒黄豆。久而久之，念到后来，黄豆都会自动跳起来落入盘中。有一天，一位走江湖之人从她房前经过，看到她房顶有一道闪光，于是走到她念经的屋子前，听到她在念六字真言“唵嘛呢叭弥牛”。

不对呀！他虽然不懂佛教，但行走江湖这么多年他也略听一二，应该是“唵嘛呢叭弥吽”。随后，他敲开门，告诉老婆婆“吽”不应该读成“牛”。老婆婆也没有辨别对错，就不假思索地改了过来，之后，她再读六字大明咒的时候，黄豆不再往盘子里跳了，房顶的闪光也不见了。

虽然这是一个神话故事，但告诉了我们一个道理：有时候放弃了不该放弃的东西，你一定会失败；坚持了不该坚持的东西，你可能很难成功。是否应该放弃和坚持，应该根据自身条件而定夺。分析一下客观环境，你所坚持的东西是否有可能实现，是否有意义和价值，如果是，当然应该坚持，否则就应该放弃。不要盲目地听从他人的意见，明智的选择胜过盲目的坚持。

诚然，锲而不舍是一种可贵的素养，不抛弃、不放弃也是成功的必要条件，但当一条路走不通的时候就不要一味地坚持，这样做丝毫没有作用，而是要回过头来选择一条可以行得通的路，继续发扬锲而不舍的精神，这样我们会更容易取得成功。

变通是一种智慧，总能够给人一种柳暗花明又一村的光明。当一些东西没有价值和意义的时候就应该放弃，在你放弃的一霎那，也许你会得到更多。俗话说："成功的道路千万条。"此路不通就应该换一条路，不懂得变通的人要么是傻子，要么是愚蠢地固执。

拿得起、放得下，是一种洒脱。在人生的路上，有时候我们放弃一些该放弃的，会更加轻松，更容易攀登到顶峰。坚持一些该坚持的，我们会更加幸福和充实。

放弃该放弃的，这是一种艺术，它不是逃避，也不是胆怯，而是明白了生活的真谛；坚持该坚持的，这是一种精神，它不是固执，也不是愚蠢，而是懂得了什么是真正的价值。

总之，该放弃还是坚持，是一种智慧的考验，也是一种勇气的锤炼。当你觉得有些东西该放弃时，是否用勇气放弃；当你觉得有些东西该坚持时，是否还有勇气继续。成败在一念之间，正确的放弃与坚持才是成功的关键。

智慧不是投机取巧

智慧一定具有更神圣的品质，这是永不会丧失的效能；可是，由于它的方向不同，所以或为有用与有益，或为无用与有害。要迫使那些禀赋好的人去得到我们认为最伟大的知识，使其能够看到“善”，帮助他们不断前进。

——柏拉图

在菜市场，有这样一个商贩，前一天去菜市场批发蔬菜，看见芹菜的价格很便宜，于是批发了大量的芹菜，准备第二天买。可是，第二天菜市场上尽管买菜的人很多，但一直到晚上这个商贩还是没有卖掉，菜叶子也都蔫了，如果第二天继续卖，肯定很难卖出去。

这天晚上正好来了一位朋友，听了他的苦恼之后对他说：

“早上你在摆摊之前先往菜叶子上撒点水，这样看着就会更新鲜，你告诉别人这是早上刚刚批发的菜，肯定能卖出去。”

商贩听了很高心，按照朋友的说法做了。这天早上，他在菜摊前吆喝：“早上刚从地里拔出来的芹菜，赶快来买呀！”有人问他，菜叶子怎么有些蔫了，他说这是早上刚从地里拔出来的，你看露水都还有呢，蔫了的那是因为在车上压的。不一会儿工夫，芹菜就卖光了，商贩暗暗窃喜，心想：“自己真聪明，要不然又亏了。”

但是，新鲜的芹菜和过夜的芹菜在切菜时感觉是不同的，口感也大有不同。所以，购买他芹菜的人都知道这是过夜菜，只是懒得再去找他理论。但是，他们下次都不去商贩处买菜了，商贩的生意也越来越冷清。

对于商贩卖掉过夜菜来说，他认为这是一种智慧，因为他用一些技巧和方法将过夜菜卖掉了，但我们看到，他因此而失去了一批忠实的消费者，生意也越来越冷清。所以，从最终的结果来看，这种做法得不偿失，并不是一种智慧，而是一种投机取巧。

现实生活中，有太多的人将投机取巧与智慧混为一谈，采用一些非常规手段，获得了眼前短暂的利益，觉得自己很有智慧。然而，尽管你得到一些利益，但那都是暂时而短暂的，是不可持续的。真正有智慧的人胸怀更广，眼光更长远，他不会为了利益而采取投机取巧的手段，因为他知道，智慧和投机取巧虽然都能够获得利益，但是它们的方向不同，最终的效能也不同。

我们通常将投机取巧称之为“小聪明”，与智慧相比，投机取巧更容易做到，也更容易博得人们的掌声，更能见到成效，但这都是暂时的，甚至是有害的。拿以上商贩来说，从表面上看，他的“小聪明”暂时减少了亏损，甚至获得了利益，对他来说非常有用。但当客户逐渐流失、生意逐渐冷清之后，与他之前得到的那些利益相比可以说是小巫见大巫，所以，从整体来说，他的这种做法是有害无益的。

真正的智慧应该是一种长久持续利益的体现，应该能够帮助自己走更远的路。放弃心中的那些投机取巧和“小聪明”，不要怜惜那些可以用“小聪明”而获得的利益，把握智慧正确的方向，你会得到更多的效能。

知识让人勇敢

凡具有知识者皆较缺少知识者更为猛敢，且其在学习以后较其在未学习以前为更猛敢。

——柏拉图

智慧是知识的体现，是一个人学习能力及态度的体现。柏拉图的一生可以说是活到老学到老，在当时，他对哲学及社会思想的研究已经到了“前无古人，后无来者”的地步。在他的一生中，不管遇到多大的困难和挫折，他从来都没有退怯和胆怯过，主要原因是他具有丰富的知识，是知识在支撑着他的行为思想。

曾记得2009年的世界读书日，前国家总理温家宝说过这样一段话：“当前，世界正经历着一场前所未有的金融危机。战胜这场危机，不仅要靠物质的力量，还要靠精神的力量。战胜这场金融危机，从根本上还是要靠人，靠知识的力量和科技的革命。在这个乍暖还寒的时候，我们提倡读书更具有现实意义。通过读书温暖人心、提振信心、寄托希望，通过读书掌握知识、增强本领、勇于创新。大家要记住一个真理：书籍是不能改变世界的，但读书可以改变人，人是可以改变世界的。读书可以给人智慧，可以使人勇敢，可以让人温暖。我曾在中国政府网在线交流时说过，我愿意看到人们在坐地铁的时候能够手里拿上一本书。因为我一直认为，知识不仅给人力量，还给人安全，给人幸福。”

获得知识的渠道有很多，通常我们是通过读书来获取，所以，我们首先探讨一下读书是否能够让我们勇敢。

第一，一个人在成功的道路上总会遇到很多坎坷、荆棘以及阴霾。当这些阴霾、坎坷来临时，我们是否能够做好或者用勇气应对呢？书是前人或者过来人留给我们的知识，是他们经验的总结和思想的结晶，是知识的主要载体。我们现在或者将来所遇到的坎坷、荆棘以及阴霾前人大多都曾遇到过，而解决的方法就是书本中。所以，当我们读一本有价值的书的时候，不但能够获得有用的知识，而且可以解开心中的众多疑虑，给我们解决一些问题的方法。

第二，人在遭遇困境的时候，心中难免会产生一种胆怯心理，因为不知道如何解决，即使知道如何解决，也可能没有走出那一步的勇气。书本中的知识可以给我们启迪，给我们力量，升华我们的思想，净化我们的心灵。让我们在面对困境时，不再害怕、不再担心。

除了书本，我们还可以从生活及工作中获得知识，比如在工作中，多向企业的“元老”请教和学习一些处理问题的方法和经验，与客户沟通的技巧，解决问题的思路，等等。日积月累，随着时间的推移，也许，当你刚来公司遇到一个问题时你会紧张、担心甚至害怕，手足无措，或者在工作中生怕出现问题。当你有了足够处理问题的方法、经验和知识后，以前所有的紧张、担心、害怕都会消失，你会发现你变得更加成熟和勇敢了，这就是知识的力量。

柏拉图的一生是学习研究的一生，也是勇敢的一生。我们可能很难像柏拉图那样伟大，但我们有必要学习柏拉图的学习精神，像柏拉图一样，做一个勇敢而又有智慧的人。

在公正中学习智慧

一切背离了公正的知识都应叫做狡诈，而不应称为智慧。

——柏拉图

知识让人勇敢，但勇敢也分很多种，比如有人让你去欺负一个小孩子，你勇敢地去了，这叫愚勇；有人让你见义勇为，去救一个被欺负的小孩子，你勇敢地去了，这才叫真正的勇敢。所以，虽然知识能够让我们勇敢，但如柏拉图所说，我们要吸取公正的知识，让自己的勇敢发挥在积极正确的方向。

一个部队新招了一批新兵，这些新兵每天都要学习基础的军事知识、体能锻炼，甚是辛苦。但他们个个精神头十足，个个都想成为一名优秀的士兵。

每天早晨，他们腿上要带着10公斤的沙袋跑5公里越野，这对于新兵来说是最辛苦的锻炼项目。有这样两个新兵，觉得每天这样带着沉重的沙袋跑步太辛苦，于是动起了歪脑筋。他们把沙袋里面的沙换成了棉花，和原先的沙袋一模一样大，不拆开看，根本发现不了，就这样，这两个新兵与其他新兵在不公正的状态下共同完成了集训。

一天，部队领导决定进行一次考核，优秀的士兵会被分到重要的、具有发展前景的岗位，而较差的士兵会被分到一些不太重要、没有发展前景的岗位。士兵们听到这个消息后，个个摩拳擦掌、跃跃欲试，希望自己被分到梦想中的连队和岗位。

比赛考核是公平的，每个人都是同等的环境和标准，结果是这两位在集训中将沙子换成棉花的士兵成了最后两名，被分在了炊事班。对于这样的结果，两名士兵甚是失望。

显然，两名新兵在集训中的做法是一种狡诈行为，因为他们的狡诈，使得他们与其他士兵的集训变得不公正，虽然没有被连队发现，但最终还是得到了应有的惩罚，搬起石头砸了自己的脚。

如果一个人在运用自己的知识时，不是出于公心，而是出于自私及不公正的心态发挥，那么这就不能称之为智慧，而是诡计。抢劫犯在抢劫银行的时候，会使用很多策略、技巧乃至先进仪器，不管他们能不能够成功，不管他们的策略如何高明，抢劫财物本身就是一种不公正的行为，所以，他们终究会受到惩罚，没有一个人会承认他们的智慧。

在学习知识、提升智慧时也应如此，我们所学习的知识应该是为公正而存在的，不是为狡诈、欺骗而存在。比如当下经常会报道一些诈骗行为，手段高明，五花八门，让人防不胜防，特别是电信诈骗，让很多人上当受骗。有人说，这些骗子太有智慧了，其实，他们的这种方法不叫智慧，我们也不需要学习他们的手段，只需了解他们的诈骗手法，防止被骗足矣。

我们需要学习和提升的是自己的思维能力、思想、观念等，比如世界观、价值观、专业知识、个人素养等。因为这些知识对于每一个人来说都是公正的，是在公正的基础上建立而且发展的。学习这些知识，我们就有了大智慧，对于那些背离了公正而发展的小知识、小计谋也就不难分辨了。

用心灵监视肉体

愚者用肉体监视心灵，智者用心灵监视肉体。

——柏拉图

有智慧的人是用心在行动，而没有智慧的人却是用心操作心。这一点在我们的生活中很是常见。有些人在说每一句话做每一件事情之前，都会经过一定的思考，哪些事情该做、哪些不该做，哪些话该说、哪些不该说。有些人信口开河，想到哪里说到哪里，想做什么就做什么，如同酒过三巡，很是随意。前者会让我们觉得他是一位谨慎而又聪明之人，如果他们是领导，你是下属，你会很放心地将一些事情交给他办。而后者在交给他办一些事情前，你一定会再三考虑，深思熟虑，因为前者比后者更有智慧。

有这样两个人，名字分别叫小张和小李，他们约定一起出门办事。这天早上，由于堵车，小张“爬涉千山万水”来到小李的楼下等待，在车上，小张依然想着今天要办的事情，心情很愉悦。小李下楼之后，迅速打开车门，上车、关门。一不小心，车门把手夹了一下，顿时，小李脸上露出不悦的表情，开始不停地抱怨：“真倒霉，还没出发手就被夹一下，郁闷！”还时不时地做出敲打车门的动作。一路上，小李因为手被车门夹了一下而抱怨个不停。

小张想，这样说下去影响办事的心情，也不是个事儿啊！于是说：“我看夹得也不是很严重，赶紧想想我们今天要办的事儿，到时候该怎么处理！”

这时，小李的注意力转移到了今天要办的事情上，可没过一会儿，小李又开始抱怨手被车门夹的事情。

显然，小李是一个肉体指挥心灵的人，随着外界环境的变化，他的心灵也会随着变化。这类人最大的弱点就是容易被人利用，牵着鼻子走，且专注力、注意力不够强。而小张是一位用心灵指挥肉体的智慧人，尽管在来的路上遭遇了堵车，但在等待小李的过程中，他依然思考着今天要办的事情，没有因为堵车而扰乱他的思维，这便是智慧。

中国有个成语叫“身在曹营心在汉”。故事讲的是：东汉末年，刘备败于曹操，刘备的结拜兄弟关羽为了保护刘备的夫人无奈只能投降曹操。关羽能征善战这是众所周知的，为此，曹操非常欣赏关羽，一心想收服关羽为自己效力。于是，曹操三天一小宴、五天一大宴专门款待关羽，封关羽为偏将军，还为关羽送宅院、美女、宝马、战袍等。总之，凡是好东西曹操都送给了关羽，为的就是赢得关羽的心。

然而，关羽依然不为所动，一心打听刘备的下落。张辽觉得有些奇怪，于是试探性地问关羽：曹操对你这么好，为什么还记挂着刘备呢！关羽说，他誓死追随哥哥刘备。

对于刘备来说，他是一个有智慧的人，因为他赢得了关羽的心，尽管关羽在曹操的军营，但心却在刘备这里，可以说，是他用自己的心监视着关羽的肉体。

对于关羽来说，他也是一个有智慧的人，不管面对多大的诱惑，他都深知什么叫大义、什么叫情义、什么叫忠诚。他始终用自己的忠心监视着自己的肉体和行为。

如果你的肉体左右着你的心，那么你将只是一具躯壳，劳而无所获、累而无所得，甚至可以说是对心灵的一种折磨。如果你的心引领着你的肉体和行为，那么，你将是一个有智慧的人，不管在任何时候，你的这种品质都会让你走得更远、飞得更高。

专业的知识决定专业判断

若是一个人对于某一种技艺没有知识，他对于那种技艺的语言和作为，就不能做正确的判断了。

——柏拉图

柏拉图对哲学的研究可谓炉火纯青，他的很多思想及观点之所以会流传至今，被人们所认可，其中一个原因便是在哲学方面他是一个专业人士。

让一个具有专业知识的人对相关专业做出判断或者发表意见显然要比非专业人士准确得多。随着社会的多元化发展，要做好一件事情，必须要有明确的分工与合作，每一个分工都关系着整件事情的成功与完美性。一旦其中某一环出现问题或者做得不够完美，都会影响事情的整体。

所以，让专业的人做专业的事情是社会发展的一种必然需求，也是做好、做成功一件事情的根本。然而，遗憾的是，很多人似乎没有这样的智慧，尤其在工作中，一个人身兼数职位，让没有经验的人去做一些专业性很强的事情，目的就是为了减少开支。试问，让专业的人去做一个小时就可以做得又快又好，而让非专业的人去做可能要做一天而且还不一定能做好，这是减少开支还是增加开支呢?

有一次，家里的电脑坏了，厂家派售后来修，鼓捣了半天也没说个所以然，找不到问题出在哪里，于是我问："你是刚来公司不久吗？"

他说："不是，我是做销售的，售后的人都派出去干活了，因为没人，所以领导才派我来！"当时我就晕了，派一个做销售的人来干售后的活，这样能干好吗？况且，销售卖一台电脑给公司带来的效益肯定要比修一台电脑给公司带来的效益多很多。做出这样的决定，实在是一种没有智慧的做法。

还有一个故事是这样子的：一个跨国公司招了一名市场部工程师助理张明，由于这位工程师助理家离公司较近，所以领导让他负责公司产品的展示厅，方便在下班时有客户来看产品时开门。

张明对待工作非常认真，心想，既然让自己负责产品展示厅，就一定要做好。这天，他从外边回来，看到展示厅里面乱七八糟，产品、纸箱放了一地。于是，他走进展示厅，认真地收拾和打扫起来，他正在满头大汗地擦桌子时，总经理走了过来，问他："你在做什么？"

张明说："我在打扫卫生啊！"

总经理说："一会儿你来我办公室一趟！"

张明想，总经理看见他这么辛苦地打扫卫生，一定是要夸他。他快速打扫完卫生，洗了洗手便来到总经理办公室。

总经理：“刚才你在做什么？”

张明：“收拾产品展示大厅啊！”

总经理：“你为什么要收拾？”

张明：“那个大厅不是归我管吗？”

总经理：“是归你管，可是没有人让你去打扫卫生啊？”

张明愣住了，总经理接着说：“你的职位是什么？”

张明：“市场部工程师助理。”

总经理：“你知道打扫卫生的人在公司是什么级别吗？”

张明又愣住了，总经理说：“我想告诉你的是，我不想花一个工程师助理的薪水而让你去打扫卫生，而且你未必能够打扫得好，专业的人应该去做专业的事情，大厅脏了，你告诉他们让打扫卫生的去打扫就好！”

……

显然，总经理要比张明更有智慧，更懂得人才的运用。俗话说：“内行看门道，外行看热闹。”在一些专业人士做专业事情的时候，他们的一些行为和动作我们可能不会明白，但毫无疑问，他们一定能够快速准确地去做判断和做好一件事情，而作为领导者，更应该有这样的思想意识和智慧，这样才能更好、更快地做好事情。

优秀因智慧而立

凡勇敢、克制、公正、优秀，皆依智慧而立。

——柏拉图

优秀是对一个人的赞扬，意指品行端正、成绩出色、勇敢等。我们经常会羡慕一些优秀的人，并努力想成为优秀的人。那么，我们该如何做才能达到优秀的标准呢？

通常，一个优秀的人应该具备以下几点：

第一，热爱生活，热爱生命。不管生活多么糟糕，天气如何变化，我们愉悦地度过每一天，对美好有所期待。当下雨的时候，我们会很高兴地等待太阳出来；当遇到烦心事的时候，我们会努力做好当下的事情，期待好运的到来；当我们生病时，我们会庆幸病情还没有那么糟糕，生活还是如此美好。

第二，热爱工作，积极努力。工作给了我们精彩，给了我们养家糊口的权利，更给了我们荣誉。当通过努力而取得荣誉的时候，会有人为我们喝彩加油，让我们感到光荣。工作着就是幸福的，这对于一个优秀的人来说是一个重要的标志。

第三，看淡得失。得到了不会骄傲，能够一如既往地努力追求更多目标；失去了不会沮丧，会更加努力地做好自己。很多人得到了容易接受，而在失去后便会非常难过，这是心态不成熟的一种表现。

第四，做自己的事情，考虑别人的感受。优秀的人在做事情或者说话时都会考虑他人的感受，这样他们的路会越走越宽，反之，他们的路会越走越窄。因为不懂得顾忌他人感受的人容易伤到别人，为此，他人总会提防你，甚至挤兑你，让你无路可走。

第五，积极追求成就与荣誉。这一点也就是前面所讲的成绩，优秀的人一定是一位追求更多成绩、获得更多荣誉的人，因为通常人们对一个优秀人士的判断标准就是成绩，没有好的成绩，其他做得再好也不会被人们认为是优秀。所以，这一点是判断是否优秀的重要标志。

第六，持续学习的精神。学习便会成长强大，不学习就会落后，就会挨打，尤其在社会快速发展的今天，这一点尤为重要。所以，优秀的人一定具有持续学习的精神和意识。

第七，公正、勇敢、真诚。这样的人在交际中最受欢迎，常常立于朋友圈的顶端，公正、真诚地对待他人，别人才会用同样的方式对待你，你才会赢得他人的认可，否则，你就会淹没在朋友圈中，甚至被遗忘。

纵观以上七点，结合本章中前面的几个小节，无不与智慧有关，每一个标志都需要智慧来支撑。如果没有智慧，即使你有以上几点标志，也不可能成为一位优秀之人，因为你对此理解得还不够深入，只是在执行，却没有内涵。所以说，因为智慧，你才会优秀，才会被人们认可，才会立于世界之中。

法律是智慧的体现

法律是一切人类智慧聪明的结晶，包括一切社会思想和道德。

——柏拉图

关于法律，柏拉图认为，如果一个国家的领导者不是哲学家，或者无法将国家领导人改变成哲学家，那么依法治国要比依人治国好。他认为，法律应该是依大部分人的利益而制定的，如果是依照国家的利益或者少部分人的利益制定的法律就不是真正的法律，这样的法律就是不公正的。

依法治国显然是最具智慧的选择，但柏拉图最终提出的这个观点也经过了一段时间的演化和论证。在《理想国》中，柏拉图将一个国家的人民分为三个等级，每个等级各守其责，互不干涉，也就是说他希望用人治而非法治。后来，他意识到，即使在这样的理想国中也会出现纠纷，那么，当纠纷出现时就需要由政府来解决。所以，他在《共和国》中提出这样一个理论，政府在裁决这样的纠纷时，国家法官应该具有自由量刑的权力，这是因为《共和国》是一个行政国家，它的管理主体是最有智慧的人，而非法规。

在《政治家篇》中，他还着重阐述了人治胜于法治的理由，他在书中写道："法律绝不可能发布一种既约束所有人同时又对每个人都真正最有利的命令。法律在任何时候都不可能完全准确地给社会的每个成员做出何谓善德、何谓正当的规定。人之个性的差异、人之活动的多样性、人类事务无休止的变化，使得人们无论拥有什么技术都无法制定出在任何时候都可以绝对适用于各种问题的规则。"他认为，法律法规只是由有些简单的原则而构成的，它无法解决复杂的纠纷事务。所以，不建议给法律最高的权威，而是要给具有大智慧的统治者最高的权威。

后来，由于他心中理想国构建的失败，尽管他认为一个国家的运行应该由最有智慧的人来决策判断且执行，但是，他发现这样的人很难找到。最终，他提出，依法治国才是治理国家的最好选择。关于这一点，他在《法律篇》中有非常详细的阐述。他认为，一个国家在没有成文的法律法规的情况下，统治者不应该具有随意司法的权力，而是应该成为法律的仆人，从公民的行为中制定有效的法规。这也就是柏拉图的依法治国思想的演化。

一个新的产品可能需要很多年试验和使用才会变得成熟，法律法规也是如此。柏拉图用多年的时间进行论证和实践，最后认为依法治国才是治理国家最好的方法，可以说，这个观点是柏拉图关于法律观点的智慧结晶。

每年我国都会对相关法规进行修改和调整，这是因为社会在发展，人们的思想行为在变化，相关的法律法规也需要适时做出调整变化，而这个调整变化需要人们充分发挥自己的智慧才能做到最好，否则，国家可能会因此而动荡。

既然法律在治理国家中有如此重要的地位，那么，人类必然要用所有的智慧来对待，自然，法律也就成了人类智慧的最高体现。

善良是一种智慧

善就是灵魂的和谐。善包含智慧、勇敢、节制、正义。

——柏拉图

法国作家雨果告诉我们，人世间最宝贵的就是善良。这是因为，善良可以拉近人与人之间的距离，善良可以赢得他人的好感，善良可以温暖彼此的心。但凡是善良的人，都会有一股强大的气场影响着我们、吸引着我们。

当你与他人聊天时，拿出你的善良，不要觉得不耐烦，认真倾听他在说什么，那么，他就会把你当成最好的朋友，信任你、依赖你。如果他是你的客户，那么他一定会购买你的产品，并把你介绍给他身边更多的朋友；如果她是一位美女，而你也是单身，那么她一定会爱上你，并且决定嫁给你；如果他是你的上司，那么他会更加看好你，着重培养你，让你成为他的左膀右臂。如此，这不仅仅是善良的问题，而是一种智慧的体现。

当你在公交车上遇到老弱病残或者孕妇时，拿出你的善良，主动让座，所有人一定会向你投来赞许的目光，这时，你一定会成为车里所有人的明星。也许，正是因为你这样一个简单善良的举动，会激发更多的人开启善良的本性，那么，社会就会变得更加美好，当你需要帮助时，别人也会伸出善意之手。这又何尝不是一种智慧？

有这样一个故事：在美国有一个独行大盗行窃多年，从来没失过手，这天，他像往常一样，来到朱莉家里行窃，偶然间看到桌子上放着一个本子。出于好奇，他打开了本子，原来是这家孩子写的一篇作文，名字叫《我最感激的人》，文中这样写道：“我们家很穷，妈妈还了癌症，哥哥姐姐因此都不能上学，妈妈每天要工作到很晚才回家……”读着读着，这个横行多年的小偷落泪了，最后，他不但没有偷朱莉家里的财物，而且将自己身上所有的钱都放在了桌子上。从此以后，他再也没有行窃过，直到由于原先的案件被警察抓住而说出实情。

这个故事告诉我们，每个人都有善良的一面，即使再坏的人他都有善良的基因，而当我们充分展现善良的一面之后，在合理运用之后，就会成为一种智慧。

在文艺复兴时期，有一天，雕塑大师米开朗基罗刚刚完成了一个作品，请了一个朋友提意见，这个朋友看了一会儿说："雕像的鼻子太高了吧！"米开朗基罗看得出朋友在说这句话的时候并不是十分肯定，但他没有说什么，拿着凿子爬上脚手架，开始凿了起来，紧接着一些粉末洒落下来。一会儿后，米开朗基罗走下来，问朋友："你看这样是不是好一些呢？"

朋友回答道："太完美了！"

事实上，米开朗基罗并没有修改鼻子，他只是装装样子而已，洒落的粉末也是事先捏在手里准备好的。他之所以这样做，是为了维护朋友的尊严，也是为了坚持自己的艺术主张和审美观点，这便是善良的智慧。

善良是一种智慧，但并不是所有的智慧都是善良的，善良的智慧是一种能够维护他人尊严而又能帮助别人的行为，更是一种保护自己而又能赢得他人认可的行为。它就如同一套黄金软甲，我们每一个人都该具备。

智慧衍生真理

若是一个人不知真理,只在人们的意见上捕风捉影,他所做出来的文章就显得可笑,而且不成艺术了

——柏拉图

柏拉图给我们留下的真理有很多，几乎每一句名言都是一个真理，并被人们所传颂。那么，这些真理是如何衍生的呢？和智慧又有什么关系呢？

所谓真理，它是人们对客观事物及其规律的正确认识、反应以及总结，是知识的结晶。那么，既然是知识的结晶，就需要有智慧的存在。所谓智慧，是高级动物的一种认知能力，比如感知、知识、理解、联想、逻辑、计算、分析等，是智力器官的终极功能，也就是说智慧要高于智力，能够帮助我们做出正确的决定以及成功。由此看来，真理需要智慧衍生，两者是一种从属关系。

有这样一群人，他们每人身上背着一个很大的十字架，艰难地赶着路，准备到另一个地方传道。刚开始的时候他们并不觉得辛苦，但随着时间的流失，他们觉得越来越辛苦，但没有一个人扔掉身上的十字架，因为他们在出发前牧师就告诫他们：“只有背着十字架到达目的地，你们才会真正地开始传教。”

然而，因为辛苦，有一个人开始有想法了，走着走着对另一个人说：“人活一世多不容易，除了吃喝拉撒不就是为了享受嘛，这么辛苦做什么！”另一个人听了这个人的话之后，想想也对，说道：“兄弟，真理啊！你说得太对了，不如我们锯掉一截吧，这样会更加地轻松。”

于是，他们锯掉了一截十字架，轻松了很多，脸上露出了开心的笑容，哼着小曲很快走到了队伍的最前面。走着走着，突然面前出现一道深谷，倒是不宽，就是无法通过。于是，这两个人等了下来，那些背着完整十字架的人看到这道深谷之后，解开十字架，搭在深谷的两边，轻松地走了过去。由于锯掉十字架的这两个人因为十字架太短，无法到达深谷的另一边，从而留在了这边，无缘继续传道。

这群人的牧师是一个有智慧的人，他必然知道在通过目的地的路上有这样一道山谷，而且只有利用十字架才能过去，所以提前对他们进行了告诫。

提出意见锯掉十字架的人也许只是随口一说而已，而认为对方说的是真理者，显然是一位没有智慧的人，错误地认为这样做事是正确的。随口一说而又接受意见者，暂且不说他有没有智慧，可以肯定的是他是一位不知真理的人，盲目听从他人意见。所以，这样的两个人凑在一起，结局注定是失败的。

真理是智慧的结晶，并不是每一个人说的都是真理，通过简单的思考分析，盲目地认为对方说的是真理的人，是一种缺乏智慧的表现。他不仅会引导你走入歧途，更会误导你的思想观念，所以，不要轻易认为某一种观点就是真理。

所以，我们应该提升升华自己的智慧，成为一个有智慧的人。如此，我们就能够区分真理的真伪，客观认识理解他人的建议，甚至成为真理的衍生者。

第四章

美丽

——最美莫过于心灵美

心灵美才是真的美

应当学会把心灵的美看得比形体的美更加珍贵，如果遇见一个美的心灵，纵然他在形体上不甚美观，也应该对他起爱慕，凭他来孕育最适宜于使青年人得益的道理。

——柏拉图

柏拉图在《大希庇阿斯篇》里曾严格地区分了“美本身”（即什么是美）和“美的事物”（即“什么东西是美的”）。他说美本身包括美丽的姑娘、美丽的马、美丽的瓶瓶罐罐，但是真正的美的事物不是这些事物的外观多么美丽，而是这些事物的某些质料或者形式让人感觉赏心悦目，在物质或者精神上得到满足感。

在现实生活中，父母给了我们无法改变的容颜，无论美与丑，我们除了接受别无选择。但是这些只是外在的、虚无的、形而上的，我们不能因为一个人长得丑就觉得他（她）一无是处或者是个恶人；不能因为一个人长得好看就判断他（她）能力超群、心地善良。真正衡量一个人是否美的标准，是他（她）内心是否纯真、善良。当一个人的心灵散发着美的光环，周遭都传达着他与人为善的温暖，就算他长得再丑，也会有人追捧和喜欢；

相反，如果一个人没有美丽的心灵，那他的外表就是一个空皮囊，就算学识再渊博，也像一个装饰品没有一点用，甚至会危害社会。

曾经看过关于东施的故事。东施是个长相很丑的女孩，但是却被县令称为“赛西施”，为什么呢？有一次，一个小孩不小心在玩耍时掉进了大便坑，很多路人在旁边看着，讨论着谁应该下去营救，但是粪坑的臭气却让这些人望而却步，迟迟没有表示。正在此时，东施恰巧经过此地，看到这个情景，来不及思考就一跃而下，救下了那个孩子。她美丽的心灵掩盖了所有的丑陋，所以她赢得了知县的尊重，并得到了“赛西施”的称号。

在这个物欲横流的世界，很多人承受着生活和工作的双重压力。在残酷的现实面前，丢掉了自己的灵魂和做人的基本准则，甚至为了满足一己私利和不断膨胀的欲望，肆意践踏别人的尊严，甚至不顾及别人的安危，把自己的那些已经变形的快乐建立在别人的痛苦之上，这些人的结果都是可想而知的。不管长得如何光鲜亮丽、如何风流倜傥，都逃不过法律和国家的制裁。

公司里面曾经有个漂亮的女孩，大学刚毕业就凭着长相挤掉了一位名牌大学的竞争者，坐上了总助的位置。作为公司里一名小小的人事主管，我也只能一面痛恨着自己为什么没有沉鱼落雁的容貌，一面看着女孩风光地出入各种大型项目的签约地点而望洋兴叹。我知道，我没有那个命，从那天起，我就老老实实地跟在那个姑娘后面跑前跑后、任劳任怨。就这样没过多久，突然有一天，老板把我叫到办公室，对女孩破口大骂，并声嘶力竭地告诉我，那个女孩带着合同去了更大的对手公司，她背叛了公司，给公司带来了灾难性的后果。老板最后声音嘶哑地自言自语："自古红颜多祸水啊！"其实，我想说红颜不全是祸水，只要她能做到心灵和外表一样美。

在物质面前，人的心灵经常被忽略，被束之高阁，上面落满了世俗的尘埃，善良的人们之所以受人爱戴，是因为他们注重打扫心灵、灌溉养分，既给自己敞亮也给别人阳光。柏拉图在《理想国》第五卷中强调有些人喜欢美的色调、美的色彩、美的形状以及由此组成的艺术作品，但他们的思想不能认识并喜爱美的理念，这是错误的。柏拉图称赞真正长久的美是内在的美，这正是我们的心灵。

用美丽散发光辉

美是真的光辉。

——柏拉图

柏拉图在其《会饮篇》中写到：永恒的美才是美的真谛，

这种美如同太阳的光辉，每日轮回，不生不灭，不增不减。它不在某方面，不在某一地点，不是某个面孔，也不存在于某一篇文章，或某一个别物体，它是一切事物的源泉，有了它所散发的魅力和光辉，一切美的事物才能称其为美。可见，美之所以被称为美，是因为美的理念，美的性质所带来的长久的光热，给世人温暖的同时也带来了巨大的愉悦和满足。

真正的美发自内心，并由内向外散发，使整个人都笼罩在无法抗拒的耀眼光芒当中，不由自主地让人向往和喜爱，随之而来的是模仿所带来的巨大魅力。美丽的光辉，逐渐由点变线，由线连成面，越铺越广。整个社会在这种良好的状态下，人人自喜，美不胜收。

美丽和喝茶有异曲同工之妙。如果只为了解渴而喝茶，那茶的味道就不那么重要了，但是如果为了品茶，泯一小口，就能喝出诗意来；同样，如果美只在自身，充其量只能算是供人玩赏的尤物，但是如果它能普惠众生，用美制造出更多人能享用的财富和价值，那这种美才是伟大和永恒的。古代的四大美人之一的西施曾经流传着这样一个美丽的传说：西施是越国施姓樵夫的女儿，因家在西村，所以叫西施，她长得红颜花貌，如出水芙蓉。当时，吴王为报杀父之仇，领兵攻打越国，越军被打败，越王勾践和越王大夫范揩作为人质来到吴国做奴隶。三年后，吴大夫放回了勾践和范揩。勾践回国后，卧薪尝胆，他采用美人计，将西施献给吴王。西施背负使命，利用自己的美丽和琴棋书画，致使吴王不理朝政，整日沉醉酒色，最后终于在西施的内应下，越国勾践消灭了吴国。一个人的美丽是有限的和狭隘的，但是如果她把美丽变成武器，产生更大的价值和影响力，便可能会挽救一个集体甚至国家于水深火热之中，这时的美丽才是真正意义上的美丽啊！

一名优秀的女大学生，在学校被冠以校花之名。毕业在即，很多学生选择了广东、深圳、上海这些大城市，而她却背着简单的行李和一堆书，来到了遥远的贵州山区，只身一人做起了山区支教老师，这样一做就是三年。在她的感染下，陆陆续续的一批又一批的美丽山村女教师诞生了，她们用自己平凡的人生铸就了那些山区的孩子蔚蓝色的梦想。她们把自己的美洒向那些有需要的贫穷的孩子，让他们插上梦想的翅膀，向广阔的天空翱翔。这种美是奉献，是牺牲，是善良，是真诚，是天底下最光彩夺目的光辉！

柏拉图在《裴德若篇》中这样描绘：这时他凭临美的汪洋大海，凝神观照，心中无限欣喜，于是孕育无数量的优美崇高的道理，得到丰富的收获。精力弥漫之后，他终于豁然贯通唯一的涵盖一切的学问，以美为对象的学问。那时，我们看到的景象是完整的、单纯的、静穆的、欢喜的，沉浸在最纯洁的光辉之中让我们凝视。柏拉图告诉我们，真正完整的美必涵盖于广阔的社会之中，以社会力量生长成惠及世人的参天大树，给芸芸众生带来一世荫凉！

内外兼具之美

当美的灵魂与美的外表和谐地融为一体，人们就会看到，这是世上最完善的美。

——柏拉图

柏拉图认为：世间有许多类的事物，当你判断它是否为美时，心中必然有了一个原型，这个原型来源于世界中存在的那个绝对的美。对美好事物矢志不移的追求，让我们的国家发生着日新月异的变化，从新中国成立初期的粗瓷大碗到现在精致的细瓷小碗；从30年代的劳动布衬衣到现在五花八门的华丽霓裳，人们一次次定义着关于美的概念，无论我们的生活发生着如何的改变，有一种美却一直根植在我们国人的心中，从远古时期到现代化的社会，从来没有改变过，那就是内心散发的美。它源于心脏，流淌在我们的血液里，透过我们的皮肤，给世人带来无与伦比的美。

在这个无比开放的时代，人们每天口中都在讲着美女云云，有道是："桃李能言，世便有蹊。""洛阳亲友如相问，一片冰心在玉壶"。真正的美是内外兼修之美，是既注重外在的装饰，又有自己内心的丰盈。作为美女，如果只是外表出众、内心粗糙，那只能是一只供人玩赏的花瓶，被人冠以"胸无大志""胸大无脑”的恶名。要想做好心灵的养护，最不能缺少的养料就是书。就像李冰冰，在出道初期她是个清纯靓丽却无专长的新手，那时无论她多努力地工作，认可的公司和粉丝还是寥寥无几，大致人们能记住她的就是那双美丽的大眼睛。后来的她知道了读书，努力上进，不断精进，在自己的事业上越走越远，让很多男士望尘莫及，自叹弗如。即便有人说她是花瓶，但这只花瓶用自己的努力修炼，也已经摆弄到了合适的位置，点缀了华美的世界，让人感叹，很专业、很敬业、很努力的美女才是真正内外兼修的美女！

这个社会日益缺乏信仰，现代人学会虚伪、学会掩饰、学会撒谎，连快乐都是假的，自以为“信春哥，得永生”。其实只有内心参与的快乐，只是一种表象，无法直面心灵，不能触及灵魂，更多的是一种感官上的刺激和物质上的满足。有那么一些人，随着岁月的洗礼不断走向丰富，更加坚信“美本身”是外表的美和内心的充盈相结合的产物，活得真实，直面自己的心灵，不断尝试各种修身养性的方式。比如大美女林青霞，很难想象她三十年前演绎的电影《窗外》，在三十年后整出了一本书《窗里窗外》；也很难想象当年被华语界第一才郎李敖追求的胡茵梦会专注于身心灵探索、挖掘“生命的不可思议”。她们最为迷人的地方，是敢于直面自己的内心，注重内在的修炼，从而为自己的人生开拓出一片茂密的森林。

在这个什么都可以用来消费的时代，外在美也成为我们致胜的法宝，有人靠着天生丽质做了个好职位，有人靠着整容，在电视上火了一把，但是这些人都不能永恒地在某一领域发光发热，他们的璀璨是一时的，经不住任何时间的推敲。有那么一个人，他已经离开了这个世界，但是他带给世界的影响至今都没有消失，这个人曾是我疯狂追随的对象，因为有他，在这个世界上才产生了那么多脍炙人口的歌曲，产生了那么多令人充满力量和震撼的舞蹈。他就是我们所熟知的迈克尔·杰克逊。杰克逊的舞蹈之震撼已经做到前无古人的地步，曾经看过很多他的专访，他在自己的事业上所付出的努力 是常人无法想象的。他喜欢唱歌，喜欢舞蹈，崇尚自由，热爱和平，希望有生之年能实现社会公平。他用创作的歌曲《黑与白》来唤醒当时的种族歧视，他用《同一个地球》来歌唱地球上的人类是一家人，他用铿锵有力的舞蹈给人们展示了作为一名舞者所要表达的愿望，那种诉求是渴望和平、向往美好。他长得不美，但却有一颗美的心，并通过自己的努力，把这颗美的心散发出去，让更多的人感受到。杰克逊真正做到了他自己的内外兼修。

柏拉图在《飨宴》中写道：“假若有什么事情值得我们为他而活的话，那便是理念中的美。”柏拉图所赞赏的美不光是形状、色彩和曲调，还包括心理以及社会的对象、个人的性格、各种美德以及各类真理。所以，美不是单纯的外相，更重要的是它所产生的快感、所引起的共鸣而给大家带来的一切享受的感觉。

美德之心，不在于外

最有道德的人，是那些有道德却不须由外表表现出来而仍感满足的人。

——柏拉图

柏拉图在道德方面最突出的是道德教育思想，那么，我们可以通过分析柏拉图的道德教育思想重新审视自我道德观念。

从柏拉图的部分著作中可看出，他希望通过教育来提升民众的智慧、勇敢、节制以及正义，从而能够让民众遵守道德规范，使国家达到一种和谐发展的状态。有一种理论叫“心性三分说”，即心性可分为三层：上层是金，即理性；中层是银，即意性；下层是铜，即欲望。欲望是人们进行各种欲求的源头，意性是指人们各种意志行为的源头，理性是指人们推理行动的源头。这三个部分所涉及的内涵每个人都会有，任何一部分也无法割舍，同时存在。那么，如何进行协调呢？柏拉图认为最好的方式就是理性支配非理性，也就是说理性应该驾驭意性和欲望。欲望应该以节制为德，意性应该以勇敢为德，理性应该以智慧为德。可以看出，柏拉图的道德观是以“心性三分说”为基础而提出的道德教育思想。

的确，道德应该是一个内修的过程，只要内在的道德丰盛，心里感到满足，外在的道德自然会表现出来。如果道德仅仅是表现在外在，而内在道德较为薄弱，那么这就不能称之为最有道德的人。

比如有些人，在公众场合不会抽烟，不会随地吐痰，走在马路上不闯红灯，看到老人过马路会帮扶一把。而在内心深处，他可能时刻在算计朋友和同事，极力拍领导马屁而加薪升职，用非正常手段陷害对手。这样的人具有一定的道德，但不是真正有道德的人。再比如，有些人在公众场合可能不会做一些引以为荣的事情，在大众眼中他默默无闻；但在心中，他时刻紧守着道德界线，不坑蒙拐骗，不算计他人，恪守社会公德。他的心里会感到很坦荡和很满足，这样的人才是最有道德的人，因为他的道德不需要由外在的动作行为而体现。

真正有道德的人必然具备一定的善良，柏拉图的道德教育思想便集中体现在至善观众，就教育来说，他认为教育并不是传统意义上仅仅培养孩子的音乐和机敏，也不是仅仅用神话和英雄故事为榜样树立孩子们的热情与精神，更不是仅仅通过数学题及逻辑故事来培养孩子们的智慧，而是要重点培养孩子的至善理念，柏拉图认为这是实现真正道德的根源。

当然，在不同的国家和不同的时期，人们所认可的道德观也不尽相同。日本、越南、朝鲜、韩国等东亚地区，他们的道德观与中国有很大的相似性；但在中国古代，如周朝时期，他们认为世袭制是合理的，一些不平等的制度也是合理的，是被人们所认可的，相反，如果有人违反或反对这样的机制就会被认为是没有道德的人。

在古罗马帝国，他们认为的道德是维护奴隶主及贵族的利益，他们认为人类天生就应该分为统治者和被统治者，所以那个时期的人们把这一点也归在了道德范围。

尽管时代不同、制度不同，但随着社会的发展和人类文明的不断更新，一个真正有道德的人应该具备善性，因为善是人类和谐发展共处的重要元素，也是激发一个人内心灵魂的动力，是真道德的根源。

至善方能至美

至善方能至美。

——柏拉图

柏拉图认为，一个人最美丽的地方不是他的外表长相，而是他的善良，一个人的善良程度有多少，他或者她就有多美丽。这是一种对美判断标准的高度升华，更是一种人生境界。

当下，有太多的人将判断一个人是否美的标准只停留在表面，外表好看，长得漂亮就是美，否则就是不美。这是一种狭隘的认识，更是对美的一种亵渎。美并不是天生的，而是后天可以造就的，当然，这里所说的造就并不是整容造型，而是一种善良的释放和升华。

很多人觉得，一个人如果长得漂亮，那么我就愿意和她处朋友，和她结婚；长得帅气我就愿意和他交往，和他沟通；外表长得不好看，我就不愿对其了解，甚至不愿看对方第二眼。这是一种流于形式的行为，是一种庸俗的观点。人的外表只不过是一个皮囊而已，最大的作用就是能够让你的眼睛感受到舒服，而人的生活、交际活动质量主要取决人的心理和行为，所以，对于社会中的人来说，外表并不是最主要的因素。

如你是一个单身男士，看到了一位闭月羞花的漂亮姑娘，正好她也是单身，你想娶她为妻，对方也愿意。可是，在交往的过程中，你发现对方是一个对父母非常不孝顺、满口脏话、脾气暴躁的女人，她提出以后不养你的父母，口头禅随口就出，在逛街的时候动不动就会和别人吵架，这样的女人你还要吗？如果你依然要娶，那只能说明你和她一样是一个没有道德、没有素养的人。对于一个正常的社会人来说，这样的女人肯定不会娶。

反过来说，如果是一位长相一般但善良、对父母孝顺的女孩，在你理智的情况下，你不会觉得她长相一般，反而还会觉得她很美，一定会想娶她为妻。

曾经看到过这样一则报道，2012年5月8日20时38分，在佳木斯市胜利路北侧第四中学门前，一辆校车在等待师生上车，由于驾驶员操作失误使车辆失控，结果快速地向一名学生撞来。就在这千钧一发之际，80后女教师张丽莉迅速上前将学生推到一旁，学生获救了，自己却被压在车轮下，造成双腿截肢。后来被网友及人们称之为“最美女教师”，有越来越多的爱心人士尽自己所能来帮助这位见义勇为的人民教师。

但从张丽莉的长相和外表看，她并不是一位十分标准的美女，可为什么人们会称之为“最美女教师”呢？原因并不是她的长相，而是她的善良，且是发自内心的善良。在看到学生遭遇危险的那一瞬间，她本能性地做出了见义勇为、用自己的生命换取孩子生命的行为。有人说，她当时是怎么想的呢？其实，就在车撞过来的那一瞬间，她根本就没有机会想，所以，她的善良是从骨子里就有的，而不是经过考虑后才激发的。将她的善良称之为至善是再合适不过的了，将她的美称之为至美更是理所当然。

大多数人可能无法做到至善，很难有像柏拉图那样高尚的善良，但至少我们可以从生活和工作中的点滴出发，带着善良去做事，带着善良去生活。也许，你长得不是很漂亮，也许你长得并不帅气，但当你付出你的善良的时候，你会发现你在人们的心中也是美丽和帅气的。

第五章

心态

——阳光心态是成功的一半

心态决定心情

决定一个人心情的，不是在于环境，而在于心境。

——柏拉图

决定一个人的心情是什么因素呢？是外部环境还是内心的状态呢？这是一个非常富有哲学性的问题，每个人自身经历不同，对这个问题的回答也就有着不同的答案。但是对于柏拉图来说，他倾向于后者，也就是一个人的心情由其内部的心态所决定。如果一个人的心态好，那么心情就不会受到外界的干扰，所有的艰难困苦也就像云烟一般，可以被我们轻轻抹去。

柏拉图之所以会有如此的认识，显然和其人生经历有着莫大的关系。年轻时候的柏拉图有着参与政治并治理美好国家的强烈愿望，但是现实却让他屡受挫折，一腔热血也只能付诸东流，即使是恩师苏格拉底也被对手处死。但就是在这样的一个环境下，柏拉图依然对这个世界抱有美好的想象，他对爱情的阐述、他在《理想国》中所寄托的理想都充分说明了他拥有一个强大的心态：这就是任何时候都不向困难低头，沿着既定的人生目标，无论是迂回曲折还是荆棘遍地，都不曾放弃初衷。

当我们投身于这个历史的洪流中时，很快便会发现人生并非一片坦途，其中曲折和坎坷始终伴随左右，这个时候能够拥有一颗良好的心态最为重要。因为心态的强大与否决定着我们心情的好坏，决定着我们如何去认识和对待这个眼前的世界。正如那些悲观的人一样，他眼中的世界总是一片灰暗，从来不曾有过阳光的照耀。不管在他的身上发生任何事情，他都会认为这是命运的不公，于是唉声叹气、怨天尤人，一辈子都在这样的哀叹中度过。

因此，我们梳理这些人的一生，他的抱怨和愤懑让他得到了什么吗？不言而喻，这样的人最终是一事无成，什么也没有得到。如果非要说对方有所得到，那么最多也只是诸多负面的情绪，对人生的的发展没有任何的益处。

晚清一代名臣曾国藩，在太平天国兴起的时候回乡组织乡勇团练抵抗太平军。但是初期的军事斗争并不是太顺利，曾国藩所率领的部队被太平军打得落花流水；同时清廷对这一支地方武装也处处掣肘，因此局面对于曾国藩一方来说可谓是压力重重，在最为困难的时候，整个湘军几乎处于崩溃的局面。但即使处在这样的一个环境中，曾国藩依然抱着“屡败屡战”的积极心态，以强大的自信力来面对眼前的处境，最终反败为胜，成为“同光中兴”的中流砥柱。

曾国藩的所作所为正好验证了一个人心态的重要性。是在逆境中崛起还是在沉沦中颓废？面对这样一个并不困难的选择题，站在人生的十字路口，我们应当以自信、饱满、强大的心态去面对前方未知的重重困难，在挑战中成长，在困苦中成熟，最后成为一个伟大的勇者和智者。

记得《小窗幽记》中曾有这样一句话：“宠辱不惊，看庭前花开花落；去留无意，望天空云卷云舒。”文笔优美自不待言，更为重要的是，这句话中所体现出来的一种不受外物干扰的心态难能可贵。柏拉图之所以能够成为闻名希腊并走向世界的历史文化名人，他的心态在其中起到了莫大的作用。

生气是愚蠢的自我惩罚

生气是拿别人做的错事来惩罚自己。

——柏拉图

闻名世界的古希腊哲学家柏拉图显然是一位善于控制自身负面情绪的智者，否则他也不会在短短的人生中以隐忍的姿态创造出令人瞩目的文化成果。当年希腊和斯巴达人发生战争后，希腊军队一败涂地，希腊人所推崇的民主制遭受了彻底的破坏。但这还不是令柏拉图最为伤心和生气的地方，因为他的老师苏格拉底也在随后的判决中被执行了死刑，这个对自己人生有着重大影响的老者就这样被对手消灭了肉体，其中的悲愤和怒火差一点让柏拉图失去了理智。但是，最后他还是努力控制住了这熊熊燃烧的怒火，反而在意大利、西西里岛、埃及等地四处游历，在增长见闻的基础上扩充人生的知识智慧，进而完成了人生的华丽蜕变。

人有七情六欲，酒色和财气蕴含其中，同时这四个方面对人的身体和积极的心态都会带来严重的负面影响。就以其中的怒气为例，当别人犯了错误并触犯到我们的时候，也许很多人第一时间的反应就是怒气冲天，但是这种行为有助于矛盾的解决吗？答案显然是否定的。我们生气的后果只会伤到自身，是对我们心灵和身体的一种双重处罚，而那些惹得我们生气的人反而乐在其中，达到了他们不可告人的目的。

曾有这样的一个流传甚广的故事。一个夏日的下午，一名年轻貌美的女子投河自尽，但是幸运的是，她的落水很快被河岸边一名休息的船夫看到，于是就将她救上了岸，然后询问她轻生的原委。

原来这名女子被他的丈夫无情抛弃了，面对这样一个难以接受的局面，悲愤之下的女子便生出了投河自尽的念头。

听了这名女子的诉说，船夫便问她："你和现在的丈夫在没有认识之前的日子怎么样呢？"

女子回答说："那时快乐无忧，没有任何烦恼的干扰。船夫听了问道：现在还有丈夫吗？”

女子毫不犹豫地回答说：“已经没有了。”

船夫于是就笑着说：“你什么也没有失去啊，你依然回到了以前那种无忧无虑的生活中，还有什么值得你去轻生的呢？你投河的行为其实是在用别人的错误来惩罚自己。”船夫的一句话点醒了梦中人，这名女子高兴地道谢离开。

这个例子就充分说明了别人所犯下的错误，我们不能产生负面的情绪，更不能因此来惩罚自我，如果那样做，显然是一种极其愚蠢的行为。因为惹得我们生气的人安然无恙，但是我们却因此伤痕累累。

所以说，我们应当以积极的心态来面对生活，在生活中还要学会爱惜自己。每一个来到这个世界的人们都是不平凡的个体，我们还有更为重要的事情去做，还有更为光明的未来等着我们去创造，因而又何必对那些一时的愤怒而耿耿于怀不能自拔呢？正确的做法就是我们应当扬起生命的风帆，像柏拉图那样，不断地充实自我、超越自我，然后登临人生最为辉煌的顶峰。当世界都在我们脚下的时候，曾经的恩怨情仇就像清风一般拂面而过，留下的只是我们会心的一笑。

拥有信心，永远不败

只要有信心，人永远不会挫败。

——柏拉图

柏拉图是古希腊著名的哲学家，同时他也是一位政治家，或者说是一位充满着乐观主义精神的政治理想家。当古希腊的民主制被破坏的时候，柏拉图并没有放弃自身的人生理想，而是积极地投身到实践中去，以自我的所见、所感、所想而写出了宏伟巨著《理想国》，在这本书中深刻地阐述了他理想中国家的治理模式，这也是他作为世界文化名人的经典之作。

来到这个世界上，我们每一个人在内心深处都渴望能够实现自身的人生理想，最后抵达成功的彼岸，但是我们行走的每一步都会遭遇大大小小的挫折和艰难，一次次失败，一次次跌倒，很多人由此产生了放弃的心理，认为成功是那样地遥遥无期。可是，为什么我们身边还有那么多人没有被这些艰难险阻所吓倒呢？

我们所看到的是，为什么有些看似平淡无奇的人却能够最终站到成功的领奖台上呢？他们也许没有我们聪明，也许没有像我们一样拥有优越的背景，但是他们却笑到了最后，这又是为什么呢？其实原因很简单，这是因为他们这些人在自信之中建立起了一种不离不弃的坚持。

“会当击水三千里，自信人生二百年。”写下这句气势磅礴诗句的人是当时才年仅十七岁的毛泽东，他站在湖南师范的校园内，思考着这个国家和民族未来的命运。辛亥革命虽然成功了，但接下来的民国却陷入了无穷无尽的军阀混战之中，内部兄弟之间纷争不休，外部列强又虎视眈眈，这个多灾多难的民族还有重新振兴的希望吗?

经历过深刻思考的毛泽东认为，中华民族依然有着伟大复兴的机会，她现在只是一头沉睡的“雄狮”，在等待着惊雷的炸响。确定了国家命运的方向之后，毛泽东便以他惊人的毅力和高超的智慧谋略为这个民族的未来修正错误的航向。

但是现实又是如此地残酷，敌人的顽固是他所不曾预料的，日本人的野心又昭然若揭，每前行一步都会遭遇不可测的牺牲。抛头颅、洒热血，即使是付出整个生命，也许理想中的革命事业还会付诸东流。

令人振奋的是，无论是青年时代的毛泽东，还是中年时代的毛泽东，他的一生都始终洋溢着乐观自信的大无畏精神。抗日战争的胜利，新中国的光辉诞生，甚至于在一片废墟之上去重新建设这个饱受蹂躏的国家，他从没有一丝一毫的退缩。正是他的这种昂扬向上的自信之力，才使得我们中华民族有了今天屹立世界民族之林的辉煌局面。

正如李白的诗句中所描绘的那样：“天生我材必有用，千金散去还复来。长风破浪会有时，直挂云帆济沧海。”自信是我们身体内部无形的骨骼，以其坚强的韧性支撑着我们高贵的躯体；自信也是人生命运的不倒翁，始终携带我们人生的信念不断前行，去克服一切艰难险阻，然后推动我们站在人生的顶峰。所以，我们也由此看到，柏拉图的成功并非偶然，是自信的力量让他成为了闻名于世的一代宗师级人物。

耐得住性子，守得稳初心

耐心是一切聪明才智的基础。

——柏拉图

耐心是一种沉默的等待，是一种寂寞中的坚守，更是人们对自我理想的一种坚持。公元前387年，柏拉图从外面游历回来，回到了故国古希腊。但是这个时候的古希腊早已没有了往日的辉煌，国内社会如西落的夕阳，一切了无生气，更不用说柏拉图心目中所期待的那种欣欣向荣的文化盛世了。但是面对这种不利的局面，柏拉图并没有灰心丧气，而是以其坚韧的耐心来重建心目中的圣地。他在朋友的资助下，于雅典城外西北角的阿卡德摩建立了一所文化学院。这里原本是阿提卡英雄阿卡德摩的墓园所在地，里面布置有花园和运动场。这一切在柏拉图的耐心改造下，成了欧洲历史上第一所能够传授知识、进行学术研究以及提供政治咨询、培养学者与政治人才的综合性学校，对后世欧洲大学教育的影响不可估量。

“耐心是人们一切聪明才智的基础。”柏拉图的这句话告诉我们，耐心是人们自信心的一种深层次延续，是一种在沉默中不断积累的潜在伟大力量；它的外在则表现为一个人所拥有的决心和意志，以及能够战胜一切困难的大无畏勇气。

尤其是当我们面临了诸多不可想象的困难之时，耐心更是一种检验试剂，时刻检验着我们面对困难或失败时候的人生态度。我们如果在挫折面前倒下了，那么就意味着我们并不是不聪明，而是缺乏必要的耐心，缺乏在风雨之中坚守而相信能够看见彩虹的自信力。

达·芬奇是欧洲文艺复兴时期的著名画家，小的时候就对绘画有着浓厚的兴趣。为了培养他的这种爱好，父亲将他送到了当时意大利文化的圣地佛罗伦萨拜名画家佛罗基奥为老师。

达·芬奇非常高兴，以为可以立即学习到高超的画法。但是老师却要求他先从画鸡蛋开始，而且一画就是十几天，每天都有不计其数的鸡蛋图形从达·芬奇的笔下流出。渐渐地，达·芬奇没有耐心了，感觉圆圆的鸡蛋并没有画的价值，这样每天不停地练习无疑是在浪费时间。他的老师看到达·芬奇的状况变化，于是就意味深长地对达·芬奇说："千万不要小看一枚枚小小的鸡蛋。你需要明白的是，一千枚鸡蛋里面从来没有一个是完全相同的；即使是同一枚鸡蛋，但是当我们变换观察角度的时候它的外形也不尽相同，所以想要在一张纸上将一枚鸡蛋完美的外形呈现给人们，并不是一件容易的事情，它需要我们长期地下一番苦功才有收获。"

老师的话语给了达·芬奇很大的启发，这就是做任何事情都要有耐心，耐得住寂寞、守得住初心，个人技能才能有从量变到质变的飞跃发展。转变思想观念的达·芬奇开始认真地对待眼前每一枚不起眼的鸡蛋，在长期的艺术实践中，他终于将自己修炼成了一名技法高超的绘画大师。

每个人都希望做事的时候可以一蹴而就，能够在极短的时间内取得理想中的成功。但是现实却并非是理想化的，只有经过了无数的坎坷挫折之后才能品味到成功的甜美滋味，柏拉图数十年如一日的坚持是他迈向成功的基础。

面向阳光，你会感到温暖

把你的脸迎向阳光，那就不会有阴影。

——柏拉图

公元前363年，这一年柏拉图已经64岁了，他第三次动身前往叙拉古。由于政治理念和学术思想与叙拉古的权贵不合，柏拉图因此又一次遭受了被扣留、被驱逐的状况。面对这样的磨难，柏拉图已经记不清在他的人生中有过多少次了，每一天都会有不可知的阴影笼罩着他的人生，但是柏拉图并没有选择在阴影之中疗伤，而是勇敢地面向阳光，让炙热的太阳能量照耀到他的身上，使他重新获取前行的勇气和动力。

人生是一个坎坎坷坷、曲折蜿蜒的过程，在生命的历程中，我们总是会受到外界所带来的种种责难。如果我们太在意这些责难而不能自拔，那么最终的命运就只有是在沉沦中丧失一切斗争意志了。正确的做法就是我们应当时刻告诉自己，要选择有阳光的生活，面朝阳光，世界是如此地美好，然后忘掉那些不快和烦恼，依然信心百倍地前行在未来的征程之中。

公元1770年，贝多芬出生在德国的波恩市。他的家境并不好，因此父亲对他寄予了很大的希望，从小时候就不断给他施加压力，让他刻苦的练习钢琴技艺。在贝多芬勤学苦练之下，钢琴技艺得到了突飞猛进的发展，终于在德国小有名气。音乐家李希诺夫斯基公爵就对贝多芬的技艺非常欣赏，称赞他的钢琴演奏“充满了生命的美妙。”

30岁的时候，贝多芬遇上了自己生命中的爱情。他喜欢上了伯爵家的小姐朱丽叶。但是双方家庭地位相差悬殊，在朱丽叶父亲的强行干预下，朱丽叶最终改嫁他人，这对贝多芬来说不啻是一个重大的打击。在失恋的日子里，贝多芬感觉人生好像走进了阴影之中，情绪的消沉使他难以自拔，只能以哀怨的心情创作了钢琴曲《致爱丽丝》来表达自我痛苦的内心。

随着爱情的失败，更大的打击也接踵而来。他的耳朵开始出现失聪的征兆，这对于一名以钢琴为生命的人来说，他的打击不亚于失恋的痛苦。正如贝多芬在给他好友的一封信中这样写道："我过着一种悲惨的生活，要是干别的职业，也许还可以；但在我的行当里，这是最可怕的遭遇！"事实也是如此，逐渐丧失听力的贝多芬好似失去了生命一般。虽然他也经过了多方治疗，但是并不能有效延缓耳聋症状的发展，不到两年的时间，他竟然连附近教堂的钟声也听不到了。

贝多芬也由此生出了轻生的念头。但是在他内心深处总有一个声音告诉他：你要扼住命运的咽喉，做生命的强者。在这种信念的支持下，贝多芬选择向着阳光的地方去治疗心中的伤痛。在他苦苦的摸索下，形成了自身钢琴创作和演奏的独特风格，《英雄交响曲》等一大批影响深远的钢琴曲从他的琴谱中流出。特别是《第九交响曲》的成功，更使他得以登上了世界钢琴大师的宝座。虽然此时的他已经完全失聪，然而他却以辉煌的成功告诉人们"拥抱阳光，便可以远离阴影"的道理。这就像哲学大师柏拉图一样，一次次失败、一次次爬起，从而谱写出了生命华美的乐章。

让理想的种子绽放美丽之花

有理想在的地方，地狱就是天堂。有希望在的地方，痛苦也成欢乐。

——柏拉图

作为一代哲学宗师，在柏拉图的人生理念中，总是时刻让浪漫的理想主义占据自己的大脑，并为之奋斗终生。尤其是他的成名之作《理想国》的完成，更是他能够让心目中的理想种子绽放出美丽之花的一大明证。在这部著作中，柏拉图提出了一个理想的、带有浓厚“乌托邦”色彩的国度，在这样的一个国度中，柏拉图希望每一个人在社会上都有其特殊的作用存在，以自身的实践活动来满足社会的整体需要，同时女人和男人之间有着同样的权利。我们姑且不论当时能不能实现柏拉图理想中的国家，但是仅从其乐观的态度来看，柏拉图依然对这个世界的未来发展抱有充分的信心和美好的期许，即使身处乱世、政治主张不为当政者所接受，但对于心怀梦想的柏拉图个人而言，他的人生世界依然是绚丽多彩的。

人之所以能够做出许多伟大的成就，能够在不利的困境中脱颖而出，成为“天之骄子”，其原因就在于这些人心目中永远怀揣着崇高的理想。一旦理想的种子在心中扎下了根，那么最终必定可以开放出芬芳四溢的花朵来。尤其是处于人生最为艰难阶段的时候，有了崇高的理想，那么人们就可以忘记眼前的种种困苦，即使是令人饱受折磨的痛苦也如浮云一样，早已抛在了九霄云外。他的一切行动都会以理想为中心而奋斗不已，以超越常人的毅力和意志来掌握自我的命运。

司马迁是我国著名的文学家、史学家。作为西汉王朝的一名太史令，他的人生轨迹似乎平淡无奇。但是一次意外的事件，司马迁被牵连到了一场宫廷斗争中，丝毫没有政治经验的他遭受了小人的诬告，最后被汉武帝下令投入监狱之中。但这还不是最为严重的情况，在投放监狱之时，司马迁被处以了残酷的“宫刑”，可以说是男人最大的耻辱。

在经历了种种痛苦之后，司马迁接受了命运的残酷和不公，因为此时的他心中燃烧起了一场更大的理想之火，这就是利用坐监的空闲时间，着手完成他记录中国汉朝以前历史的伟大使命。在这种崇高理想的支持下，司马迁忍受住了身体上的伤痛，熬过了狱卒的肆意羞辱，十年如一日，以刚强的意志力坚持不懈地收集整理汉王朝之前的中国历史，最终写成了辉煌巨著《史记》。这本书作为中国文学史上第一本通史，被鲁迅称之为“史家之绝唱，无韵之离骚”，其对后世的影响力可见一斑。

我们感叹司马迁在困境之中不屈不挠的顽强意志，为了心目中伟大的理想，可以忘记一切屈辱和痛苦，这也是熊熊燃烧的理想火焰对人生发展的巨大促进作用。正如柏拉图的名言一样：“有理想在的地方，地狱就是天堂。有希望在的地方，痛苦也成欢乐。”这是人生理想的终极意义所在，人们一旦拥有了崇高的理想，那么我们一个个渺小的个体便可以成为一座座令人敬仰的丰碑，高山仰止，景行行止。

任何人都有发光的机会

发光并非太阳的专利，你也可以发光。

——柏拉图

公元前387年，此时的柏拉图年近四十，他在结束了游历的生活之后回到雅典，开始着手创办专门培养各种思想人才的学院。他从研究自然科学和社会科学入手，推崇高度的学术自由。因为在柏拉图看来，每一个人都是可造之才，只要我们能够给他们提供必要的条件或才能发挥的空间，无论光芒大小，最终对方都会有自身的闪光点出现。在柏拉图这一理念的指引下，当时西方一大批优秀的学术青年都纷纷投奔到柏拉图的门下，学习各种哲学和几何知识。其中最为著名的就是亚里士多德，他在柏拉图的倾心教育下成为了照耀欧洲上空的一颗璀璨明珠。

很多时候，现实生活中的人们常常感叹自己没有优越的家庭背景，没有出众的天资才华，然后自怨自艾，甘愿成为一个个渺小的存在。但是这些人所不知道的是，即使是“米粒之珠，也能大放毫光”的道理。这个世界上每一个自我，其实都是一个独特的存在，没有造物主可以完全复制出来另一个无差别的我。伟大人物自然有伟大人物所独有的光芒，但是对于芸芸众生的我们来说，也会因为自身特有的才能而光华夺目，成为人们羡慕和敬仰的对象。

爱因斯坦是20世纪最为伟大的物理学家，他的存在无疑是那个时代最为耀眼的一颗学术“巨星”。在平常人的眼中，爱因斯坦之所以能够取得如此卓越的成就，也许是和他聪颖的天资有关，小时候绝对是一名聪明无比的天才。

但是，事实却让人大跌眼镜。小时候的爱因斯坦可以说才不出众、貌不惊人，学习上一直平平常常，并不太引人瞩目，甚至被他身边的人们称为“笨小孩”。即使最为了解他的父母也完全不看好他日后的人生历程，因为出生三年多的爱因斯坦竟然笨得连完整的话语都说不出来，和那些一岁多就伶牙俐齿的孩子相比，简直是“智力低下”。

爱因斯坦令人担忧的“智商”一直伴随他上了小学，可是这个时候的他已经10岁了，上学晚自然还是智力方面的问题。当然，毫不意外的是，此时的爱因斯坦依然是老师眼中的“糟糕学生”。语言表达能力差不说，动手能力也不敢让人“恭维”，做什么事情总是“笨手笨脚”，成了同学们眼中竟相嘲笑的对象。

最为著名的一个事例就是手工课上，老师拿出了一个小板凳，然后对同学们说：“我想，这个世界上也许不会有比这更为糟糕的凳子了！”同学们自然心领神会，纷纷嘲笑起爱因斯坦来。此时的爱因斯坦却红着脸站起来，手中拿着做工更为糟糕的两个板凳来反驳老师的“谬论”，这大约是爱因斯坦成长以来最为幽默、最为机智的一次回答。

但是，老师从爱因斯坦日常的表现来看，认为他终将一事无成，最后成为再平凡不过的一个个体。然而，在随后的求学历程中，爱因斯坦以其坚韧的毅力苦心专研物理学，先后提出了狭义相对论、广义相对论，一举成为那个时代最为杰出的物理学家，由一只“丑小鸭”变成了美丽的“白天鹅”。

事实也充分证明，每一个人都可以通过自身的努力而成为一个耀眼的“发光体”，这就如柏拉图的教育理念一样：“发光并非太阳的专利，你也可以发光。”所以，我们在任何时候都要相信自己，加油！

满足即是财富

贪婪是最真实的贫穷，满足是最真实的财富。

——柏拉图

从公元前367年到公元前347年这20年的时间内，柏拉图放下了所有的政治活动，将全部精力都转到了著书立说和教书育人上面。在他的努力下，学院的发展呈现出了欣欣向荣的局面，各类对当时欧洲有着重大影响的优秀人才也层出不穷。因为柏拉图从人生的经历中悟出了一个深刻的道理：做自己喜欢做的事情，做对人类发展有益的事业。在平淡从容之中感受那种充实于内心深处的满足，一切物欲、名利的贪婪，都是镜中花、水中月，只是一种虚幻的存在，看似得到了许多，其实最后什么都没有拥有。

中国有句非常暖心的俗话：知足常乐。这句话虽然非常平实，但是其中却蕴含着非常深刻的一个做人的道理。满足于眼前所得到的，不要过分地去追求那些不切实际的东西，即使可以暂时带给人们丰富的物质，拥有足够的金钱，但人们一旦醉心其中，就会忘记做人的根本，眼中只剩下了利益，内心也因各种贪欲而唯利是图。如果有一天发现自己穷得只剩下金钱的时候，显然这样的人生是一种彻底的失败，也毫无任何意义。

清朝中期的和珅之所以鼎鼎有名，并非因为他有着崇高的道德风范，他的出名是因为史无前例的贪婪。作为一名中下级官员，由于受到乾隆的赏识，在短短几十年的时间内迅速攀升到清帝国的核心权力中枢。这样的升迁速度，受到如此重用和恩宠，对于一般人来说早应该知道满足了，但是和珅却在贪欲的驱使下伸出了索取无度的罪恶之手。等到他被抄家的时候，其家产竟然抵得上清帝国数年的财政收入，财富拥有的数额令人触目惊心，称得上名副其实的“富可敌国”。生前荣耀无比，死后却万古骂名，这就是贪婪对他所带来的巨大危害。

反观同时期的刘墉，始终以正直的品格立于天地之间，戒骄戒躁，能够以满足之心来从容处世，任何时候都告诫自己不能被贪欲蒙蔽了双眼。因此，风清气正的刘墉不仅由此在险恶丛生的官场全身而退，更为重要的是，他也收获了无数后人的赞誉，其磊落光明的风骨为人所称道。

两相对比，高下立判。和珅纵然拥有一时的权力财富，但是最终他在人格上却是贫穷的，唯一的收获就是不尽的骂名，成为后世典型的反面教材；而刘墉知足常乐，堂堂正正做人，其人格的力量充盈于天地之间，这不正是一种无尽的富有吗？

贪婪是人内心深处欲望无限膨胀的表现，它犹如生长在人心灵之上的一颗毒瘤，时时刻刻地啃噬着我们纯真向善的灵魂，最终使得人们失去自由、快乐、满足以及平和这些生命中最为宝贵的财富，对此我们应当有正确的思维认识。想一想时代的伟人柏拉图，并没有醉心于名利和物欲之内，以奥秘无穷的知识来充实自我的内心，正因为如此，他所获得的“财富”才是最为富裕充足的。

人生难得平常心

在这个纷扰的世俗世界里，能够学会用一颗平常的心去对待周围的一切，也是一种境界。

——柏拉图

年轻时候的柏拉图曾一度热衷于政治活动，无论在古希腊还是在叙拉古，柏拉图曾为了自身的政治理想而四处奔走，希望能够以一腔热血来打动当时的执政者，然后将自身的政治理念付诸实践之中。但残酷的现实一次次地告诉柏拉图，这个时代最多只能做一个理想主义者。如果想要成为一名现实主义者，恐怕是难如登天，即使是付出个人的生命也难以唤醒当政者的愚蠢无知。痛定之后的柏拉图转而以一颗平常心来看待这个世界的纷扰喧嚣，放下成败得失的念头，以淡然处之的处世之道行走在天地之间。一方面沉浸在学术理论的构建中，一方面漫步于鸟语花香的学院之中，看淡了一切也就看开了一切，告别了政治之后的一代哲学大师终于横空出世了。

如何为人处世，既是一种智慧，也是人生的一个大境界。我们仔细观察周围的人们，通过他们为人处世的方式就可以判别其人的器量和风度的高低了。凡是遇事的时候喜爱争个高下输赢，对身边的人和事都斤斤计较，这种人活得不仅不自在，而且还特别累，身上负重太多，虽然赢得了一时的胜负，但是却丢失了长远的做人准则，为人的格调和境界也会非常低。那些能够以平常心来看待这个纷扰不休的世界的人，反而是一位有着无穷智慧的智者，他们放下了一切执念，以平淡、从容、踏实的心境来潇洒地活着，最终得以品味到人生的真谛。

东晋著名诗人陶渊明，原先立身于官场之中，但是官场上的尔虞我诈、钩心斗角的行径让他倍感迷茫，但是置身于名利场之内又身不由己，只能曲意逢迎，在患得患失中虚度青春的岁月。终于有一天，陶渊明厌倦了这种虚伪的生活方式，放下了得失之心，一张告别信使他结束了官场生涯。正如他在诗句中所描写的那样："误入尘网中，一去三十年；久在樊笼中，复得返自然。"重新回归田园生活的陶渊明，由此得以自由自在，一个转身，于闲适之中轻松地攀登上了中国古典文学的高峰。

又如《三国演义》的作者罗贯中，在小说的开头曾以一首荡气回肠的诗词来点题："滚滚长江东逝水，浪花淘尽英雄。是非成败转头空，青山依旧在，几度夕阳红。白发渔樵江渚上，惯看秋月春风，一壶浊酒喜相逢，古今多少事，都付笑谈中。”

这首诗词苍凉悲壮、大气磅礴，既是对三国乱世枭雄人生结局的一种描绘，也在字里行间透露出了一种淡泊宁静的思想，折射出深远的意境和高深的人生哲理。因此，透过诗词的背后，我们可以清晰地看见作者那种看透世情的睿智，赏一场秋月春风，饮一口甘冽的醇酒，在是非成败中感悟人生永恒的价值，从得失之间的纠结中解脱出来，那么复杂的人生也就变得简单而富有无穷的韵味了。

在宇宙天地之间，我们每一个人都是一个极其渺小的存在，许多恩怨情仇、名利争斗在历史的长河中只不过是一朵转瞬即逝的浪花罢了。因此，我们应当放下争执之心，以一颗空灵的平常心来对待身边的人和事。正如柏拉图一样，遨游在知识的海洋中，去寻找最为真实的自我。

年轻就是资本

年轻是我们唯一拥有权利去编织梦想的时光。

——柏拉图

柏拉图这个名字，在古希腊的词汇中代表强壮和富有才华。

年轻时候的柏拉图精力充沛，不仅积极地参加各种政治活动，还利用一切可以利用的时间去学习当时最为先进的文化知识。柏拉图懂得青春对人生的重要意义，因此他拜古希腊又一位名震古今的哲学大师苏格拉底为师，跟随他努力钻研深奥的哲学问题。当苏格拉底被对手残害后，柏拉图又选择了游学四方的方式在欧洲的大地上往来奔走，去结交和朝见那个时代学术素养最为深厚的智者，从而极大地丰富了自己的人生阅历，知识的积累也达到了一个新的高度，这也为他日后成为闻名于世的哲学大师打下了坚实的基础。

年轻代表着一种朝气蓬勃的青春，在这一段令人羡慕的青春岁月中，我们是活力四射的个体，我们有激情、有梦想，有敢于尝试的无畏气度，有改造整个世界的雄心壮志。即使我们犯了一些这样或那样的错误，但是我们人生的道路还很长，只要能够吸取过往的经验教训，依然可以再次勇敢地站起来，重新去征服我们曾遗憾地错过的事物。

每个人都曾年轻过，但并不意味着每个人都能够很好地把握住这段灿烂绚丽的时光。在这场可以任意编织人生梦想的年代，有些人迷失了自我，不是在肆意地挥霍着美好的年华，就是在迷茫中颓废，浑浑噩噩地如行尸走肉一般走到生命的尽头，等到垂垂老矣的那一天。回首过往，却发现这一生一事无成，这个时候再去后悔自责早已没有任何意义了。

斯蒂芬·威廉·霍金是当今物理学界最为著名的物理学家，对宇宙黑洞的研究和对量子理论的阐述让他成了继爱因斯坦之后又一位伟大的物理学家。可是，大多数人们所不知道的是，霍金是一位重度残疾人，这种疾病在他上大学的时候就开始困扰他。从大学后期开始，霍金便感到行动不便，后来经过检查，原来他患上的是一种叫作“肌肉萎缩性脊髓侧索硬化症”。这种疾病的发病率很低，最终会导致全身肌肉硬化，比植物人还要痛苦，但是不幸的是这些却被霍金遇上了。

大学时代正是霍金最为美丽、也最有激情的青春年华，对于正如饥似渴、忘我地吸收各种科学知识的他来说，无疑是对他生命的一种毁灭。但是，霍金并没有就此沉沦，他努力克服疾病带给他的种种困扰，将学术的重心转移到宇宙起源的研究上面，因为他相信这个年华正是他大有作为的时候，再严酷的疾病折磨也不能阻挡他编织梦想的脚步。如果在这一最为灿烂的年纪中自甘沉沦，那么就会永远失去追求梦想的信心。

霍金的坚持和不屈使他收获了丰硕的研究成果，如今，他在物理学上的成就足以使他傲视宇内。这一切伟大成绩的取得，正是因为霍金能够紧紧抓住美好年轻时代光阴的结果。因此，我们要像柏拉图和霍金一样，在大有可为的青年时间内，去不断地积累、沉淀，然后收获人生的金色秋天。

爱世界，世界便会爱你

你可以用爱得到全世界，你也可以用恨失去全世界。

——柏拉图

柏拉图在他的重要著作《理想国》中曾有对如何对待这个世界的个人看法，他认为人们看待眼前的这个世界，应该以爱和宽容的态度来加以对待，当我们付出了爱和宽容，那么整个世界都会向我们张开她有力的双臂；如果眼睛里面看到的都是恨，那么世界也会给我们一个不理不睬的背影，人们越是用仇恨的态度站在世界的对立面，那么整个世界也会最终离我们远去。

我们每一个个体生命都生活在这个蓝色的星球之上，虽然人们不曾有任何的觉察，但是却都被无形的世界所包围。我们的喜怒哀乐，我们的爱恨情仇，相互交织在一起，共同构成了这个绚丽多彩的美妙世界。因此，如何和这个与我们紧密相连的世界相处，决定了我们人生的长度和宽度。

史铁生是我国当代的著名作家，一生留下了许多脍炙人口的作品。他之所以选择写作这条路，一方面固然是因为个人的兴趣和天赋使然，但是另一方面也受困于他后天的身体条件。

18岁那年，作为知青的他在陕北插队，一次在山里面放牛，正好遇上了冰雹加暴雨的恶劣天气，高烧之后的他发觉身体出现了腰腿疼痛的现象，原以为是一场普通的疾病，谁知发展到了后来竟然使他瘫痪了。

在如此年轻的年华中，瘫痪的无情打击使得史铁生痛不欲生，他无力去面对外面生机勃勃的世界，甚至心怀一种憎恨，为什么这样的疾病偏偏发生在自己的身上呢？尽管身边无数亲朋好友不断地用言语去宽慰他，然而史铁生依然不愿意走出自我封闭的状态之中。

对这一段痛苦岁月的回忆，史铁生曾在《秋天的怀念》一文中这样写道："双腿瘫痪后，我的脾气变得暴怒无常。望着望着天上北归的雁阵，我会突然把面前的玻璃砸碎；听着听着李谷一甜美的歌声，我会猛地把手边的东西摔向四周的墙壁。母亲就悄悄地躲出去，在我看不见的地方偷偷地听着我的动静。当一切恢复沉寂，她又悄悄地进来，眼边红红的，看着我。"

从这段文字中，我们可以看到史铁生的内心是一片灰暗的色彩，他痛恨命运的不公，但是又无可奈何。然而，母亲的去世彻底唤醒了对世界抱着麻木心态的史铁生，他在长长的思索之后，对自己说："算了吧，再试试，何苦前功尽弃呢?凭什么我非得输给你不可呢？"

重新燃起生命之火的史铁生以爱和宽容的态度再次用心观察这个大病之后的眼前世界，他突然发现这个眼前的世界并非那么面目可憎，只要人们能够用心去体味她，走进她，扑入她的怀抱之中，那么就能够获得另一种新生。

选择了宽容和爱之后的史铁生，将全部的身心都投入到了写作之中，一部部充满着对生命热爱的小说悄然问世，随后在文坛之中激起了层层涟漪。人们记住了他笔下优美灵动的人物，也记住了这个身残志坚的作家，精彩动人的世界又回到了史铁生的身边。对此，史铁生曾用一句话来加以总结：“就命运而言，休论公道！”

是啊！我们来到这个世界，不要去抱怨，要放下怨恨之心，就像柏拉图对世界所独到深邃的认识一样：“你可以用爱得到全世界，你也可以用恨失去全世界”，关键在于我们怎么去取舍。

有明天，就有奇迹

明天对于世界而言，永远是一个奇迹。

——柏拉图

柏拉图的老师苏格拉底去世以后，他遵从苏格拉底的教导外出游历。公元前399年，柏拉图动身离开雅典，在地中海附近地区从事游学活动，先后访问过由毕达哥拉斯门徒所组成的一些学派。但是在西西里岛叙拉古城期间，他对叙拉古城的执政者狄欧尼修印象非常恶劣，在交往之后认为他是一个不讲任何道德的小人，头脑中毫无智慧可言，在治国安民上不可能有什么大的作为。原本抱着一腔热血的柏拉图面对此情此景大失所望，政治理想又一次遭受无情的毁灭。失望之余的柏拉图准备返回古希腊，在临行前的日子里他告诉自己再等一等，也许会有奇迹发生。庆幸的是，他在一次偶然的机会中结识了狄欧尼修的女婿迪恩，两人一见如故，对哲学观点的共鸣使他们亲密地走到了一起。可以说，和迪恩的重逢对柏拉图学术修养的提高是一次难得的机遇，也可以说在他的老师苏格拉底之后，对柏拉图影响最大的人物莫过于迪恩了。

柏拉图的人生际遇可谓一波三折，当他处于人生低谷的时候，是他最后一刻的坚持才使得迪恩悄然走入了自己的生命历程之中，并由此开阔了柏拉图对于哲学深度的思维认识。对于奇迹而言，很多时候又何尝不是这样呢?

人生有高峰，也有低谷，是一个起起落落的曲折过程。当我们处于人生顶峰的时候，应当告诫自己不要骄傲自满；同样，当我们处于人生低谷的时候，也要告诉自己应当再坚持一下，也许在明天太阳升起的时候，我们期待的奇迹便会不期而至。

我们用心观察自然便会发现，每一次黎明之光到来的时候，都要经历一段令人窒息的慢慢长夜；许多曾创造出无比辉煌的伟人也是如此，在他人生的荣光到来之前，一定会经历无数令人狼狈不堪的日子，遭受被无数人看不起的岁月，这才是奇迹的本质所在。没有人会随随便便地成功，正如诗词中所描写的那样：“不经一番寒彻骨，哪得梅花扑鼻香？”

“发明大王”爱迪生在其令人羡慕的光环背后，其实所付出的艰辛不被多少人知道。就拿他发明电灯的故事为例，为了寻找到一种可以经受得住热度在二千摄氏度、持续照明时间能够达到一千小时以上的灯丝，爱迪生为此做了一千六百多次的试验，但是依然一无所获，希望非常渺小。

这时，他的助手已经完全泄气了，认为爱迪生的寻找完全是一种浪费，世界上根本不存在这种特殊的材料。然而爱迪生却没有丝毫的动摇，依然沿着设计的思路继续寻找下去，终于他找到了理想中的材料，攻克了这一看似不可能完成的任务。

今天的泪水，是你明天成长的动力；今天的伤痕，也是你明天继续坚强的必要磨炼。所以说，成功从来就不是一条坦途，当我们面对一次又一次的挫折和失败时应当告诉自己，再努力一次，就像当年的柏拉图一样：相信只要有明天，就会有奇迹的发生。

我真的很不错

每天告诉自己一次："我真的很不错。"

——柏拉图

古希腊著名的哲学家苏格拉底曾对他的学生做过一次实验。他要求学生们每天都要保持大幅度地甩手300次，但是对于效果验收的时间，苏格拉底却没有给出确切的答案。

一个月的时间过去了，苏格拉底询问有多少学生依然在坚持做这些动作，大多数学生都举起了手，苏格拉底笑笑没有说话。第二个月的时候，苏格拉底又一次询问还有多少学生在坚持做这些动作，这个时候只有一多半的学生举起了手。等到一年之后，苏格拉底再一次地询问这件事情的时候，学生中只有柏拉图举起了手。苏格拉底询问他能够长时间坚持下来的原因，柏拉图回答说："原先我也以为这样一个简单的动作可以很好地坚持下来，但是时间一长我的惰性也随之而来，于是我每天早晨起床都告诉自己：我真的很不错，坚持就是胜利。这也是我能够支撑到现在的动力。"

"我真的很不错。"每一个清晨，当自己对自己说出这番话语的时候，其实是对自我的一种重复性肯定。肯定自身潜在隐藏的优秀能力，肯定自己在坚持之后一定会收获到巨大的成功。当这种充满积极阳光的心态成了一种心理定势以后，我们的自信心和坚强的意志都会得到极大的增强，前行的步伐也更加稳健，在这样的一个心理认识之下，眼前的一切艰难和困苦将不再是令人畏惧的“拦路虎”，我们反而会苦中作乐，以百倍的勇气去夺取人生路程中更大的胜利。

梅兰芳是我国著名的京剧大师，他所开创的“梅派”艺术对梨园戏曲更是有着深远的影响。但是，小时候的梅兰芳虽然非常喜欢京剧，也希望能够有朝一日成为其中的一员，然而他的先天条件并不好。特别是旦角，如果由男孩子来扮演的话，需要假嗓子唱、假嗓子说，这对演员的唱功有着很高的要求。

显然梅兰芳在这一方面并不具备多大的优势，尽管他积极努力地跟随师傅学习唱功技巧，然而进步却非常慢，最后教他的师傅曾生气地说：“你的个人条件不行，祖师爷没有给你这碗饭吃。”

遭受老师指责的梅兰芳并没有由此而感到灰心丧气，而是转念思考是不是自身的努力还不够，因为他在潜意识里相信自己，相信在经历艰苦的磨炼之后一定可以成功。在这种强大的信念支撑之下，梅兰芳夜以继日地勤学苦练，练习唱功，练习眼球灵活的转动。如此天长日久的积累，梅兰芳终于掌握到了旦角所需要的“唱、念、做、打”各种技巧功夫，也赢得了观众的认可和喜欢，最后成为京剧领域中著名的“四大名旦”之一。

梅兰芳的成功就是建立在对自我充分自信基础上的一种坚持，相信自己的潜力，相信自己一定会成为一个优秀的人才，相信自己必定能够登临人生成功的顶峰。在这种信念的支持下，我们每一天都会充满无穷的奋斗动力，不断地去攻克一道道顽固的“堡垒”。

第六章

爱情

——柏拉图式的伟大爱情

不要为爱死去活来

人生最遗憾的，莫过于，轻易地放下了不该放下的，固执地坚持了不该坚持的。

——柏拉图

爱的感觉很美妙，投入到爱情之中的男男女女，总是喜欢那种甜蜜相守的感觉。和对方相处，常有一种甜美、牵挂、惦念的情绪包围着我们。即使两个人默默地相视无语，但是也能够从对方的心跳中感受到灵魂的对话，这就是爱情所具有的伟大力量吧！

正因为爱情具有如此大的魔力，所以一旦当相爱的双方中有一方退出时常常会令另一方陷入无尽的痛苦中，这种痛苦就像一条条啃噬人们精神意志的虫蚁，最后令人痛不欲生。因此，在生活中，我们也往往可以看到这样的现象，一方分手了，一方以死相逼，在他或她的潜意识里以生命为威胁也许就能使对方回心转意。

这样做无疑是最为愚蠢的方式，不爱了，何必去苦苦纠缠呢？这样做伤人伤己，得不偿失。也正如柏拉图所指出的那样：放下了不该放下的爱情，是一种遗憾；坚持了不该坚持的爱情，更是一种固执。这种固执反而会使另一方加速逃离我们爱的窒息，因为我们的这种行为已经打碎了爱情中那份甜蜜的默契。

杜十娘是明朝万历年间曾红极一时的青楼名妓，在人生最为美丽的阶段，遇上了令她怦然心动的爱情。

相爱的那个人是一名官宦人家的公子，名叫李甲。李甲外貌忠厚，也有相当的文学才能，因此，相见之下，李甲视貌美如花的杜十娘为天宫仙子，而杜十娘则将李甲当作可以托付一生的伴侣。两人就这样坠入了爱河之中，在爱情的世界里，仿佛只有他们两个人的存在。

但天长日久，沉迷于温柔乡中的李甲钱财耗尽，家中也不肯在再他任何资助。关键时刻是杜十娘将她多年积攒的私房钱拿出来替自己赎了身。原以为终于跳出火坑的杜十娘兴奋不已，憧憬在对未来美好幸福生活的向往之中。

但两人在回乡的路途中，李甲受到坏人的教唆，加上对为官的父亲肯不肯接受这名青楼女子的担忧，因此在对方钱财的引诱下，果断地做出了抛弃杜十娘的决定。原以为会寻找到生命中最真挚的爱情，但是时过境迁，这位道貌岸然的公子竟然也是世间的俗人一个，万念俱灰的杜十娘怀抱百宝箱自沉江中。

这是一段哀艳凄美的爱情故事。我们感叹杜十娘的个性刚烈，在她的眼中，爱情是纯真美好的，容不得半点的玷污。然而不幸的是她遇上了空有其表的李甲，对方贪财懦弱，彻底将杜十娘的爱情美梦无情地击碎。她的投江固然令人敬佩，但是为这样的一个男子选择了断余生，总让人感到不值。

爱情是一个令无数人心动的字眼，我们可以相爱，可以放下一切去爱。但是在爱的时候要擦亮眼睛，看清楚眼前的人值不值得我们去爱。如果不值得，那么没必要为对方死去活来。正如柏拉图所说的那样，该放手时就放手，不要一味固执地坚持，因为坚持到最后受伤最深的还是我们自己。

既然爱，就大胆地表白

既然爱，为什么不说出口，有些东西失去了，不会再回来。

——柏拉图

柏拉图认为，爱情可以让人的情感得到升华，它曾这样描绘爱情对于人的重要意义："对于那些活得高尚的男人来说，指导他行为的不是血缘，不是荣誉，不是财富，而是爱情。世界上再也没有一种情感能够像爱情那样深植人心。一个处在热恋中的人假如做出了不光彩的行为，被他的父亲、朋友或别的什么人看见，都不会像被自己的恋人看见那样，使他顿时苍白失色，失去一切的一切，无力面对自己爱的人和爱自己的人。”

是啊！在最喜欢的恋人面前我们是如此地卑微，生怕对方对我们有一点点的不满意，哪怕这种不满意是这样地微小，但也足以使我们惶恐不已，这也才是爱情真正令人着迷的地方。所以既然爱了，就要勇敢地说出口，然后在爱情的甜蜜之中去品尝那种令人产生激动和不安情绪混合下的甜蜜和忧伤，千万不要等到爱情失去了才想起去追回它，那样做显然是徒劳的。

1845年，对于长期瘫痪在床的伊丽莎白·巴莱特来说是令其自豪的时光。虽然有疾病缠身，但是通过她长期不懈的努力写作，其文学名气已经在英国的诗坛中声名鹊起，超越了同时期的华兹华斯而与丁尼生齐名。

她的才气吸引了另一位比她小6岁的诗人白朗宁，对她倾慕已久的小伙子终于按捺不住心中熊熊燃烧的爱恋之火，提笔给病中的伊丽莎白·巴莱特写了一封热情洋溢的信件。在信件的末尾，白朗宁大胆地给他心中的女神表白：“我爱极了你的诗篇——而我也同时深深地爱着你……”

女诗人接到信后，在惊讶的同时也感到兴奋无比，她想不到还有人会喜欢病中的自己。在爱情没有到来之前，她曾对生命产生过无数的哀怨情绪，而这些情绪只能通过诗歌来倾泻，而现在，当她手捧这封烫手的爱情信件时不由心潮汹涌，于是也立即给白朗宁回了一封热情洋溢的信。

书信从此成为了两人伟大爱情的见证。一番书信来往后，白朗宁请求见上女诗人一面。在遇见白朗宁之前，女诗人从来不见陌生人，但这次她在一段时间的犹豫之后答应了。在这位女神面前，白朗宁又禁不住内心爱情燃烧的火焰，决定向女诗人求婚。

可是，女诗人冷静地告诉他，请他深思熟虑之后再做决定。因为她自己已经卧床24年了，心中早已没有了结婚的念头。同时，女诗人的父亲脾气暴躁，恐怕很难得到他的同意。

白朗宁没有丝毫的退缩，他认为既然爱了，就要大胆地表白，不要等到错过了才知道后悔，再大的难关也必须克服。于是，在白朗宁的不懈努力下，女诗人冲破家庭的阻挠勇敢地投入到了爱人的怀抱中。更令人惊奇的是，此时的女诗人在爱情魔力的推动下竟然可以下床行走了。同时爱情的力量还使得白朗宁夫人原本孱弱的生命延续了15年，促使她写出了更多优秀的诗篇。

“一失足而千古恨，再回首已百年身！”在爱情方面，我们就要像柏拉图所倡导的那样：既然爱了，就必须说出来，不要错过了才悔恨终身。

每个恋爱中人都是诗人

当爱情轻敲肩膀时，连平日对诗情画意都不屑一顾的男人都会变成诗人。

——柏拉图

爱情是如此地美好，沉浸其中的人们仿佛忘记了时光的存在，忘情地享受爱情所带给彼此的甜蜜和幸福。因此，我们常常可以看到，那些沐浴在爱河中的恋人温情款款，将自我最为细腻的一面完全呈现出相爱的另一半。或吟诗，或歌唱，或弹琴吹笙，原来我们曾不在意的方式此刻都成了表达爱意的手段，也许这就是爱情的魔力所在吧！正如柏拉图对爱情的理解那样：当爱情轻敲肩膀时，连平日对诗情画意都不屑一顾的男人，都会变成诗人。

林徽因是民国时期著名的才女，集美貌和智慧于一身，传奇和风华于一体。她秀外慧中，加上留学欧美的学识经历，更使她兼具中西之美，身上既有中国大家闺秀的风韵，还有传统女性身上所不具备的那种独立精神和现代气质。如此一个奇女子，自然令无数男人为之倾倒，一代才子徐志摩自然也是其中之一。

徐志摩虽然才气横溢，是五四运动后新学的倡导者，一生之中写下了众多脍炙人口的诗篇，诸如《再别康桥》等诗作传唱数十年而不衰，但是用徐志摩自己的话来说，以前他从来不写新诗，这一点在他的书中曾有过披露。

1931年夏天，徐志摩在《猛虎集序》中直率地说：他在24岁之前，和新诗写作“完全没有相干”。之所以迷上了新诗的创作，是在“整十年前的时候”由于“吹着了一阵奇异的风”，照耀着“奇异的月色”，直到此时他才“倾向于分行的抒写”。与此同时，“一份深刻的忧郁”占据了他的心田，从而使他的气质和风度发生了很大的改变，最后的结果自然是成就了他这位民国时期名扬一时的大诗人。

从1931年算起，徐志摩在《猛虎集序》中所说的“整十年前”，应当指的是1921年，就是在这一年，留学在伦敦的徐志摩结识了林长民及其女儿林徽因，而他的新诗创作也正是从这一年起步的。

徐志摩和林徽因初次见面的时候，面前的林徽因只是一个身穿白衣、容貌秀美的16岁少女。但是在爱情力量的驱使下，从他们两人相遇的那一刻起，这位秀美多姿的女子就成了诗人心里永恒的素材，在林徽因的身上寄托着徐志摩对于爱情的所有梦想，一个在心目中被诗人无数次憧憬诗化的美丽女子。在诗人徐志摩的心中，林徽因就是一个超脱世俗而只存在于梦幻之中的女子。

这次偶然中的相见，让徐志摩不可抑制地疯狂爱恋上了她，从此开始了诗歌的创作，并为她写作无数动人心弦的情诗，而自己却甘愿做她裙边的一株卑微的小草。在徐志摩所写给林徽因的诸多爱情诗篇中，最为有名的莫过于《偶然》了。

我是天空里的一片云，
偶尔投影在你的波心。
你不必讶异，
更无须欢喜，
在转瞬间消灭了踪影。
你我相逢在黑夜的海上，
你有你的，我有我的，方向；
你记得也好，
最好你忘掉，
在这交会时互放的光亮！

当我们阅读这首诗的时候，可以感受到诗人炙热爱恋的心境，徐志摩就如柏拉图笔下的那个风度翩翩的男子，原本不喜欢新诗的写作，但是在爱情力量的驱使下，却成了他文学艺术史上的最高成就。

拿你的品德去爱他（她）

为了品德而去眷恋一个情人，总是一种很美的事。

——柏拉图

爱情是一个非常奇妙的东西，当两人相遇时，偶然的一个因素就会使双方陷入到爱河之中。很多人对这种偶然的因素也表述不清，或许是相见时候的会心一笑，或许是她长长的秀发、可爱的鼻子，也或许是对方善解人意的品格。更或者，像柏拉图所说的那样，为着品德而去眷恋一个情人，也是一种很美的事情。总之，总有一样东西在悄然间敲开了我们心灵的窗户，然后一切就难以遏制了。

1899年底，时年26岁的梁启超受康有为的指派，前往檀香山为“保皇会”工作局面的打开而四处活动。檀香山这个地方位居东西方文化的交汇之所，和西方人打交道需要懂英文，可是梁启超本人并不精通英语，因此他意识到身边必须有高水平的翻译才行，否则工作难以顺利开展下去。

此时一名叫作何蕙珍的女子出现在了梁启超的生命里。何蕙珍原本是当地一名华侨商人的子女，时年二十，对英文非常精通，尤其是口译方面更是出类拔萃，连许多专门修习英语的男子也自惭形愧。

一天晚上，梁启超因为工作需要，前去参加何蕙珍父亲的宴请，席间梁启超即兴演讲，何蕙珍在一边充当翻译一职。刚开始梁启超还心存疑惑，认为自己才华横溢，虽然中文说得好，但是如果英文译者不能够完整准确地表达出自己演讲的意思，那么这一场演讲也就起不到什么实质性的作用了。

但是，令梁启超惊讶的是，无论他使用多么优雅的词语，何蕙珍总能恰到好处地将他的意思充分地表达出来，她的语调不疾不徐，英文顺利流畅，如珍珠落玉盘一般，牢牢地吸引住了在场的观众，风采丝毫不逊于梁启超自己。同时，整个演讲在何蕙珍的努力之下，收到了出人意料的良好效果。一时间梁启超声名鹊起，极大地增加了他在当地的影响力。

其实，在当晚的演讲中还有一个令人激动不已的小插曲。原来演讲结束后，何蕙珍上前和梁启超握手致意，她含情脉脉地对梁启超说道："我万分敬爱梁先生，可惜仅仅是爱而已。今生也许不能在一起，但愿来生能够跟先生相厮守。希望先生送我照片，了却我的心愿。"

何蕙珍的话语一出，彻底震住了一代才子梁启超，他万万没有想到一个妙龄女子竟然会在众多人在场的情况下向自己如此大胆地表白。他所不知道的是，何蕙珍对他的大名早已如雷贯耳，她爱慕他正直的品德，爱慕他舍生取义的革命精神，也爱他满腹经纶的才华。所以，才能够在当众场所敢于抛却一切世俗的眼光，而向他勇敢地大声表白。

在当场，梁启超虽然没有及时作出对何蕙珍索要照片请求的回应，甚至有些不知所措。但是在随后的了解中，梁启超为她敢作敢为的个性所感动，心目中已然喜欢上了她。于是，就找机会派人送去了照片，何蕙珍也回赠了他两把扇子。

后来，何蕙珍又托人前来提亲，表达了她愿意和梁启超长相厮守的心愿。但是，梁启超担心自己从事革命活动而置个人性命朝不保夕，于是狠心拒绝了她。但何蕙珍这辈子坚定地爱上了梁启超，并为他终身不嫁，这一段凄美的爱情结局令无数后人唏嘘不已。

爱一个人的品德和才华，矢志不渝，无疑何蕙珍做到了柏拉图理想中的爱情定义诠释。

高尚与爱有关

> 只有驱遣人以高尚的方式相爱的那种爱才是美，才值得颂扬。
>
> ——柏拉图

在这个世界上，每个人都在渴望有一份相知相守的爱情，古今中外，男女老少，没有人可以置身事外。那么，什么方式的爱才是最令人心动难忘呢？也许有人会说，爱就爱了，还需要分什么方式吗？

爱就爱了，但爱又不单单是一种随心所欲的爱。爱，需要高尚的方式，以无私的境界去爱一个人，这也是柏拉图所倡导的爱的定义。我们爱一个人，并不是无条件的索取，也不是无条件的占有，是在尊重对方人格和尊严基础上的一种爱。这种爱，或浓烈，或平淡，或默默享受，或悄然付出。不论行动如何，我们爱对方的心没有任何的杂质，没有卑鄙，没有龌龊，没有阴谋。

1923年的秋天，鲁迅应好友的邀请前往北京女子高等师范学校讲课，在这里他结识了生命中最为重要的伴侣许广平。

在上课的接触中，许广平发现自己喜欢上了这位名震一时的大文豪。虽然两人年纪相差17岁，但是在许广平的眼里，她爱的是鲁迅刚正不阿的民族精神，爱的是鲁迅忧国忧民的民族魂，她相信自己的爱是高尚的，也不在乎世俗流言蜚语的侵扰，她只以自己的方式去爱这个值得她爱的倔强男人。

但是，在鲁迅一方，却有着难言之隐。早年间他奉母命和一位名叫朱安的女子成了婚，这场婚礼只是一种为了完成某种任务的婚礼而已，性格沉静保守的朱安并不能够真正地理解他，这份婚姻无情无爱、名存实亡。

面对许广平的热烈追求，鲁迅动摇了。他为眼前这名新时期女性伟大而高尚的爱而震动，而他一直孤独奋斗的灵魂也需要这份真挚的感情来弥补，于是，鲁迅和许广平自然而然地走到了一起。正如1927年1月鲁迅给许广平所写的一封信中说道：“我先前偶一想到爱，总立刻自己惭愧，怕不配，因而也不敢爱某一个人。但看清了他们的言行的内幕，便使我自信，我绝不是必须自己贬抑到那样的人了，我可以爱。”

有情人终成眷属！婚后的生活平淡而浓烈。在许广平的精心照料下，鲁迅的文学创作更爆发出惊人的后劲。从两人结婚到鲁迅去世虽然只有短短的10年，但是这10年正是鲁迅文学思想趋于高峰的10年。许广平在回忆这一段的历史曾说：“从广州到上海以后，虽然彼此朝夕相见，然而他把整个的精力都放在工作上，所以后期10年的著作成绩，比较20年前的著作生涯虽只占1/3，而其成就，则以短短的10年超过了20年。”这一切成就的取得，自然和许广平那份高尚真挚的爱有关。

爱情，无疑是一种可以促使人积极地向善、向上的伟大神秘力量。尤其是柏拉图笔下那种“驱使人以高尚的方式相爱的那种爱”更是如此，更令人津津乐道而羡慕不已。

爱情让人不顾一切

爱情，只有情，可以使人敢于为所爱的人献出生命；这一点，不但男人能做到，而且女人也能做到。

——柏拉图

爱情，总是充满着伟大的力量。爱上了一个人，那么就能够牵手而共度一生，这份浓烈的情感甚至超越了骨肉至亲。所以，一旦爱上了生命中的另一半，那么就意味着我们可以付出生命中的所有，即使是个人的生命也在所不惜。

也许在常人的观念中，男性一般都是作为主动的一方，主动地去追求心目中理想的爱情，主动地去承受恋爱中的种种折磨和痛苦。可是人们忘了，爱情不是一个人的事情，它是双方全部情感的投入。男人所承受的痛苦和思念，作为女人的一方也难以置身事外。正如柏拉图对爱情的理解一样：爱情，只有情，可以使人敢于为所爱的人献出生命；这一点，不但男人能做到，而且女人也能做到。

台湾著名作家三毛这个名字对我们来说是再熟悉不过了。我们仰慕她过人的才华，倾慕她勇敢无畏的个性。当然，在我们知道了他和荷西之间缠绵悱恻的动人爱情故事后，我们还会敬仰她为了爱情的彻底付出，甚至是个人的生命。

三毛和荷西相识在西班牙，这是一个产生浪漫爱情的地方。没有悬念的是，相见之后的两个人不可遏制地坠入到了爱河之中。在学习的间隙，两个人常常手牵手去看电影、逛公园，在他们的世界中，看到的只有爱情闪动的光芒。

当因为客观因素两人要暂时分开的时候，荷西深情地对三毛说："你要等我6年，我有4年在大学要读，加两年兵役要服，6年一过，我就娶你。"三毛毫不犹豫地点头答应了，因为她相信荷西对爱情的真实承诺。

虽然两人暂时分开了，但是出于对爱情坚贞的信仰，三毛牢记荷西临走时候的许诺。在随后的6年时间里，三毛动身去了德国和美国，在那里度过了没有另一半陪伴的日子。两人之间也没有任何的联系。

6年之后的马德里，这是三毛和荷西爱情诞生的地方。一天，三毛突然接到了一个好友的电话，好友在电话那头神秘兮兮地对她说："快来，搭计程车过来。"

不知道发生了什么事情的三毛匆匆而来，在朋友的家里，眼神里闪烁着笑容和喜悦的朋友让她闭上眼睛。当三毛按照朋友的要求刚闭上眼睛的时候，她忽然感到背后有一双温柔的手臂紧紧地将她环绕了起来。莫名的三毛张开眼睛回头看去，竟然是朝夕牵挂的荷西。眼前的荷西依然身材高大，只不过脸上多了很多胡须，不过更加衬托出男性的成熟之美。

三毛激动地跳了起来，两人忘情地抱在一起，整个世界也仿佛不存在了，这时只有他们两个人。尤其是当三毛看到荷西特意布置有关她的巨幅照片时，喃喃说道："这一生，我还要谁呢？"

荷西兑现了他对三毛的承诺，两人很快结婚。婚后的生活虽然清苦，但是有说不尽的温馨和甜蜜。然而，在一次意外事件中，潜水员荷西过早地离开三毛而去。痛不欲生的三毛从此沉浸在往日爱情的回忆之中，最后也以自杀的方式结束了自己的生命，在另一个世界中去寻找爱她的那个荷西。

三毛虽然是一名柔弱的女子，但是她为了心目中的爱情，最后也勇敢地选择了人们最不想看到的结局。爱情，可以让人付出生命，女人也能做到，也许这就是柏拉图对爱情的深刻理解吧！

暧昧伤人伤己

若爱，请深爱；若弃，请彻底。不要暧昧，伤人伤己。

——柏拉图

爱情就好像一山望着一山高的游戏一般，人们总是以为最大的麦穗很有可能在最后出现，但最终其实却什么都没有得到。所以，看中了你喜欢的，就要毫不犹豫地摘下来，往后走或许你再也碰不到比这更大的麦穗了。

爱情，虽然是一种寻找，但更是一种喜欢上之后的坚定。若爱，请深爱，若弃，请彻底；不要暧昧，伤人伤己。

沈从文是当代著名文学家，年轻时候他在中国公学教书的时候，不可遏制地爱上了张家的三小姐张兆和。

张兆和出身名门，用后人的评价来说：熟读四书五经，英文流利，通音律、习昆曲、好丹青，可谓才貌双全。这样一位倾国倾城的女子，自然追求者无数。

在众多的追求者中，沈从文无疑是最不被人看好的一位。他出身湘西凤凰城，家境一般不说，文化程度还很低，甚至连小学也没有念完，他之所以能够在赫赫有名的中国公学中教书，完全凭借的是他艰苦的不懈努力。虽然此时的他刚刚在文坛上崭露头角，但是性格木讷、不善言辞的他，在张兆和眼里实在是再平凡不过了。

面对沈从文痴情一片的追求，张兆和一概置之不理。在沈从文长达4年的情书攻势下，张兆和选择了沉默以对，因为她认为自己既没有时间也没有精力去回复这个再普通不过的年轻人。

但是在沈从文看来，张兆和的沉默就意味着一种默许。于是，他写情书的动力更足了，因为他唯一拥有的就是才华，他希望通过自身的才华来感到张兆和。

然而，一切都石沉大海。在爱情世界中走投无路的沈从文只好将希望寄托在别人的说合上。最后，学校校长也就是鼎鼎大名的胡适只好亲自出面劝说。他对张兆和说："你只要给一点点爱，就能够拯救他的灵魂，更何况他那么有才华。你为什么不肯做做善事呢?"

面对沈从文执著的进攻，张兆和在日记中如是写道："他到如此地步，还处处为我着想，我虽不觉得他可爱，但这一片心肠总是可怜可敬的了。”

张兆和退无可退，只好去接受沈从文的进攻了。但是，爱情是不能给予的，同情并不是爱情。

爱不能勉强，不爱也不能勉强。在爱的世界里，显然是沈从文爱她更多一些。但是从一开始，两人的爱就相隔千山万里。当沈从文去世之后，张兆和思及往事而写道：“从文同我相处，这一生，究竟是幸福还是不幸?得不到回答。我不理解他……”

若爱，请深爱；若弃，请彻底。也许，张兆和的爱情正应和了柏拉图的爱情魔咒。

爱要爱得有棱角

有些失去是注定的，有些缘分是永远不会有结果的，爱一个人不一定会拥有，若是拥有一个人就要好好去爱她。

——柏拉图

爱是一种幸福，也是一种责任，更是一种义务。当男女双方因为爱情而在一起的时候，就要将自己的全部身心都投入进去而去深深地爱着对方。因为世界这么大，而上天的缘分偏偏让你我相遇在茫茫的人海之中，然后一见钟情，并能够结为亲密的伴侣。所以，我们要珍惜这份难得的因缘，只有用深深的爱才对得起这份巧合的机缘。

对此，柏拉图也有着深刻的认识，他认为相遇的爱情并不是都可以修成正果的，因此在拥有的时候我们要学会珍惜，用全部身心的爱去维护这份难得的情感。

胡适是学贯中西的大文学家，风度翩翩的他，在民国时代无疑是一个令人羡慕的才子。因此，在很多人的心目中，胡适应当有一位倾国倾城的红粉知己相伴身旁，添一段红袖添香的爱情佳话。

但实际是，胡适的爱情却是旧式的父母之命、媒妁之言，这在倡导新学、新风尚的胡适身上显然是那么地不可思议。

12岁那年，胡适在父母的安排下和长其一岁的江冬秀订了婚。然而，渐渐长大并接受了新思想的胡适越来越不认同这份媒妁之言安排下的婚姻，他试图抗争，但是母命难违，胡适唯有躲在自己的世界里逃避这份他不想要的爱情。

因此从定亲到结婚，在整整15年的时间里，胡适和江冬秀竟然没有见上一次面。这一段时期内的胡适也在种种复杂矛盾的情绪中徘徊迷茫，但是最终他选择了接受，因为他不想伤及母亲和这名女子的心。

婚后对于这位几乎没有什么文化知识的妻子，胡适慢慢地从不适应到适应，转变了他以前偏激的婚姻态度："女子能读书识字，固是好事。既不能，亦未必是大缺陷。书中之学问，不过人品百行之一，吾见有能读书作文而不能为良妻贤母者多矣。"

但是，对于江冬秀在文化上的每一次进步，胡适都能表现出莫大的惊喜，正如他在一次家书中所写的那样："你这封信写得很好，我念了几段给钱端升、张子缨两位听，他们都说，'胡太太真能干，又有见识'。你信上说，'请你不要管我，我自己有主张。你大远的路，也管不来的'，他们听了都说，'这是很漂亮的白话信'。"

很显然，从这封信中，我们感受到了胡适对江冬秀亲昵的爱意，他已经将对方视同自己作为体贴、关心的妻子了。既然已经接受了她，那么就要好好地去爱对方。 也许媒妁之言、父母之命是一种旧时代错误的婚礼制度，但是爱情本身并没有错，所爱的人也没有错。

结婚后，胡适就全身心地投入到对江冬秀的爱情之中。两人相互搀扶、相濡以沫，一路风雨走过了半个世纪，谱写了一段爱情不朽的传奇。正如晚年的胡适曾对他的秘书胡颂平说："久而敬之这句话，也可以作夫妇相处的格言。所谓敬，就是尊重。尊重对方的人格，才有永久的幸福。"

胡适的这段话，正是对柏拉图"若是拥有一个人就要好好去爱她"这句话的完美诠释。

时间会修复爱痛

时间会慢慢沉淀，有些人会在你心底慢慢模糊，学会放手，你的幸福需自己成全。

——柏拉图

爱情可以令人甜蜜，也可以令人伤痛，尤其是当相爱的双方因为种种原因而不能够在一起的时候，那份痛苦只有当事人最为清楚。很多人因此自甘沉沦，或是以酒浇愁，或是破罐破摔，或是升起轻生的念头。

但是，我们在推崇爱情至上理念的时候，也应当珍惜自己，尊重对方的选择。要知道并不是所有的缘分都能够注定在一起，造化弄人，总有这样或那样不尽人意的情况出现，因此在一起就要好好好爱；不在一起，就选择柏拉图所对爱情认识的那样——用时间来疗伤。通过时间的双手，让这份美好的记忆永远存在内心的深处，然后振作起来，去寻找属于自己的另一份美好爱情。只有靠自己的努力，才会有真正爱情的到来。

张爱玲是民国时期著名的女作家，以其特有的才气震动当时的文坛，并深深地影响后世。但是在这一位奇女子身上，也有着一段令人惋惜伤感的爱情故事。

1944年初春的一天，一名中年男子偶然间看到了张爱玲的小说《封锁》，随即被女作家的才气所吸引，于是千方百计地想法和张爱玲相识了。这位男子叫作胡兰成，是汪伪政府的要员，且已经有了妻室在身。

但是胡兰成特别会讨女孩子的欢心，在他的甜言蜜语下，张爱玲悄然坠入到了爱河之中，去享受那一份难得的甜美爱情。

两人结婚后也确实有过一段甜蜜的爱情时光，在文学创作上胡兰成也给了张爱玲不少的指导意见。

但时局动乱，两人不得不暂时分手。胡兰成在离开张爱玲之后，很快又找到了另一位值得他喜欢的女子，而把一直牵挂着他的张爱玲忘在了脑后。

当张爱玲得知胡兰成的所作所为时，她整个人彻底蒙了。因为她一直坚贞不渝地爱着这个男子，相信美好的爱情永远是纯真无暇的，但是这个男人的所作所为却为她上了一堂教训深刻的爱情课。

为了爱，张爱玲选择了原谅。也许在她看来，原谅是对爱的一种宽恕，可以使眼前的这个男人回心转意。然而，天真的张爱玲又一次错了，胡兰成依然本性难改，四处拈花惹草，已经到了令人无可忍受的地步了。

张爱玲只有选择和胡兰成分别一段时间，以让双方都冷静地想一想。离别的那天，张爱玲叹着气地对胡兰成说：“你到底是不肯。我想过，我倘使不得不离开你，亦不致寻短见，亦不能够再爱别人，我将只是萎谢了。”说完之后，张爱玲转身离去，她终于知道她的“倾城之恋”结束了。

在分别的日子里，张爱玲通过一段时间的冷静，慢慢地放下了对胡兰成的爱恋之情。她最终提起笔给胡兰成写来了诀别信，为这场轰轰烈烈的爱情画上了不完美的句号：“我已经不喜欢你了，你是早已经不喜欢我的了。这次的决心，是我经过一年半长时间考虑的。你不要来寻我，即或写信来，我亦是不看的了。”

张爱玲是幸运的，正如柏拉图说告诫的那样：学会放手。她在时光的抚慰下，慢慢走出了伤痛的阴影。

爱要有责任，分手要悲壮

相爱是种感觉，当这种感觉已经不在时，我却还在勉强自己，这叫责任！分手是种勇气，当这种勇气已经不在时，我却还在鼓励自己，这叫悲壮。

——柏拉图

柏拉图说：相爱是一种感觉，这也许就是爱情的内在意义吧！世界是如此之大，在茫茫的人海中为什么两个没有任何血缘关系的男女能够亲密地走在一起呢？很多人说不清、道不明其中的原因，其实相爱就是凭着一种感觉才走到了一起。在人海中看到了对方，然后心有所动，在喜欢感觉的基础上驱使我们去接近另一个他（她），即使相处到了一起，也是在一种彼此相亲相爱的感觉中相依相偎。

所以，当我们爱上了那个喜欢的人，就应当拿出一份责任来维护这种情感，纵然是走到分手的地步也不必过分地忧伤，只要心中还存有当初的那一份美好、那一种甜蜜的记忆就可以了。

郁达夫是民国著名的才子。当他在一次偶然的机会和毕业于浙江女子师范学校的王映霞相遇时，便被对方的美貌所征服了，于是不顾自己已经有了妻室的事实，依然忘情地投入到对王映霞的追求之中。

郁达夫在给王映霞的追求信中这样写道："我也不愿意打散这件喜事。可是王女士，人生只有一次婚姻，结婚与情爱，有微妙的关系，但你须想想当你结婚年余之后，就不得不日日作家庭的主妇，我想你必能决定你现在所考虑的路。你情愿做家庭的奴隶吗？还是情愿做一个自由的女王？你的生活尽可以独立，你的自由，绝不应该就这样的轻轻放弃……"

彼时的王映霞，也极其倾慕郁达夫的才气，这一对郎才女貌的组合自然是令人羡慕的。在经过一番爱情长跑之后，郁达夫终于抱得美人归，和王映霞喜结连理。婚后的郁达夫还特意写了一首诗来庆祝两人的结合："朝来风色暗高楼，偕隐名山誓白头。

好事只愁天妒我，为君先买五湖舟。”

但是，两人幸福的爱情生活并没有维持多久，也许是柴米油盐的生活琐事，也许是郁达夫猜忌多疑的性格，总之，郁达夫开始怀疑王映霞对自己的不忠。而对于个性要强的王映霞来说，她自然也不甘示弱，对郁达夫的种种猜疑或误会也不多做解释。就这样，两人之间的裂痕越来越深，最后不得不走到了分手的地步。这对曾被誉为“富春江上神仙侣”的才子佳人，就这样以彼此怨恨的方式分离了。

但是，虽然彼此的感觉不在了，王映霞并没有忘记和郁达夫相处的这一段时光。正如她在晚年的回忆中所说的那样：“如果没有前一个他(郁达夫)，也许没有人知道我的名字，没有人会对我的生活感兴趣；如果没有后一个他(钟贤道)，我的后半生也许仍漂泊不定。历史长河的流逝，淌平了我心头的爱和恨，留下的只是深深的怀念。”也许这就是爱恨交织的爱情吧！

“分手是种勇气，当这种勇气已经不在时，我却还在鼓励自己，这叫悲壮。”当我们品味着柏拉图这一句话的时候，也许对爱情会有另一种新的认识。

正确的去爱

所谓的花心，就是有了爱情和面包，还想吃蛋糕的心情；所谓外遇，就是潜出围城，跌入陷阱；所谓浪漫，就是帮老婆买包心菜时，还会顺手带回一支玫瑰花；所谓厨房，就是结婚时红地毯通向正前方。

——柏拉图

在柏拉图的笔下，爱情是一种内在、本原的需求。在他的著作《会饮篇》中，柏拉图讲述了这样的一个神话：最初的时候世界上有三种人，太阳之神代表的是男人，大地之母代表的是女人。神灵宙斯为了削弱人类的力量，于是就把人劈为两半，这样一方面个体人类只有原来一半的强大，另一方面他们的数量增多，由此可以更好地侍奉神族。原本我们是完整的，因此人类一直在寻找着自己的“另一半”，这就是所谓的爱情。对于全体人类而言，他们的幸福只有一条路：这就是实现爱情，通过寻找自己的伴侣来医治我们被分割掉的本性。同时，爱神还将在今生引导我们去找到自己最爱的人，使我们可以生活在快乐和幸福之中。

显而易见，所谓的爱情就是幸福和快乐，这是爱情最为真实、最为简单的情感需求。所以，遇见我们相爱的人，我们应当以正确的态度去爱对方，制造浪漫和温馨，让对方感到甜蜜，这才是正确的爱。而不像花心和外遇，仅仅是为了寻求感官的快乐才去爱一个人。

司马相如是西汉著名的辞赋大家，以其特有的文采傲立当世。当然，这一位才气横溢、风流儒雅的才子，自然也少不了红袖添香佳人的相伴。

司马相如和卓文君相逢于后者的家中，面对眼前国色天香的女子，司马相如不由怦然心动。随即他作了一首《凤求凰》来表达心目中的爱意。“凤兮凤兮归故乡，游遨四海求其凰，有一艳女在此堂，室迩人遐毒我肠，何由交接为鸳鸯。”

辞赋文采优美，更为重要的是，它在其中传递着司马相如直白、大胆而又热烈的追求之意，聪明机敏的卓文君又何尝听不出呢？

于是，一场很自然的情节就悄然发生了。卓文君在听了司马相如的表白之后，当即决定和心上人私奔，因为她知道身为一方豪富的父亲是不可能答应这场婚事的，于是“文君夜奔”的爱情典故就在一个漆黑的夜晚浓烈上演了。

“私奔”的爱情固然浪漫无比，但是与浪漫所不同的是，当两人连续赶路回到司马相如老家成都的时候，卓文君首先要面对的是爱人家徒四壁的现实，没有物质基础的爱情在很多时候经不住现实的考验，但是卓文君却能够坦然接受，因为她认为爱一个人的时候，花前月下并不是全部，还有更多未知的生活需要有勇气面对。

就这样，卓文君和司马相如为了生计又回到卓文君的老家开了一家酒铺，曾经芳华绝代的佳人挽着袖子亲自当垆卖酒，丝毫无惧于路人的流言蜚语。

最终，卓文君的勇敢使她的父亲改变了主意，开始接受这份“私奔”的爱情，在正确爱的方式下，一场浪漫的爱情终于收获了完美的结局。

爱一个人，就要像柏拉图所说的那样，用正确的方式去爱对方，抛开所有的欲望与杂念，只怀着一份最为简单的情愫与随和，这样的爱情就如洁白的莲花一般，出淤泥而不染。

勇敢地去爱

人生短短几十年，不要给自己留下什么遗憾。想笑就笑，想哭就哭，该爱的时候就去爱，无谓压抑自己。人生的苦闷有二，一是欲望没有被满足，二是它得到了满足。

——柏拉图

在柏拉图的笔下，爱情需要双方的勇敢和无畏。当一个人喜欢上对方的时候，如果能在一起，就不要遗憾地错过。有时候我们为自己、为别人考虑得太多，总是将困难想象成无穷大，然后不敢在爱情的鸿沟前再前进一步。

显然这种对爱情的压抑无疑是令人痛苦的，因为时光不会倒流，生命的公平就在于很多时候不会再给我们第二次机会，尤其是动人心魄的爱情，错过了就错过了，除了在时间的流逝中渐渐减轻悔恨的内心之外，没有更好的治疗方式。

所以，爱就爱了，一旦爱上就不要轻易地放过机会。爱得莽撞，可能使你后悔一阵子；爱得怯懦，却可能使你后悔一辈子。唯有勇敢的爱、大胆的爱、真挚的爱，才会使人问心无愧。

爱德华八世与沃利斯·辛普森的爱情故事可谓闻名于世。1931年，沃利斯·辛普森与第二任丈夫英国商人欧内斯特在机缘巧合下，和当时还是亲王的爱德华相识。

初次的相逢，也许是见多了形形色色的女人原因，爱德华亲王并没有对沃利斯·辛普森这位貌不出众的女士有太多的关注。但是随着交往的加深，爱德华亲王很快被这个37岁女人的幽雅风度深深地迷住了。

当日后已经成为温莎公爵夫人的沃利斯·辛普森回忆起两人陷入爱河的过程时，曾这样说道："唯一能说明他地我感兴趣的原因也许在于我那美国人的独立精神、我那直率、我那自以为具有的幽默感，以及我对他和与他有关的每件事的乐观或好奇……

他是孤独的，也许我是第一个洞察他内心深处孤独感的人。”

另一位当事人漫斯顿·丘吉尔对爱德华亲王与沃利斯的恋情也如此评价说：“他喜欢同她在一起，并且从她的品质中获得他要的幸福，就像她需要呼吸新鲜空气一样。”

但这些事后甜蜜的回忆并没有冲淡当时爱德华决心要婚娶沃利斯时那一场惊天动地的抉择，让整个英国王室都无所适从。事情还要从1936年说起，此时的爱德华亲王已经顺利即位，身份自然就成了爱德华八世。登基之后的他宣布要和沃利斯结婚。

可以想象的是，作为一国之君的爱德华八世的这个决定就像投入平静湖水中的一块巨石，迅速在英国朝野上下掀起了哗然大波。无论是王室成员还是国家大臣，都无法接受一人结过两次婚的女人成为王后。

但爱德华八世心意已决。在经过多次交涉未果之后，爱德华八世突然做出了一个令谁也想不到的举动：他决定通过逊位来完成和沃利斯结婚的心愿。尽管压力重重，但是最终爱德华八世退位成了温莎公爵，实现了他和沃利斯成婚的意愿。

他对婚后的沃利斯如是说：“你可别后悔，我丝毫也不。我只知道幸福永远维系在你的身上……”

爱了就是爱了，就像柏拉图所说的，要爱就勇敢地爱。没有世间那些繁杂的思考，只有我和你相爱的感知。

爱是你我的永恒

真正的爱，应该超越生命的长度、心灵的宽度、灵魂的深度。

——柏拉图

柏拉图认为灵魂是爱的基础，至善是爱的终极追求。因此，在《会饮篇》中，他借助先知迪奥提玛之口说道："爱情就是对不朽的一种期盼，而一切可朽者都在尽力地追求着不朽。以生育繁衍为目的的爱情是一种低级的追求，而最高等级的爱则可以超越生命的长度、心灵的宽度、灵魂的深度。因为这种形式的爱是永恒的、纯粹的、高尚的，并以至善为最高的追求目标。沉浸在爱河中的两人会幸福一生，胜过世间的一切情感，这也是因为'他们创造出来的东西比肉体的子女更加美丽、更加长寿'。因此在这一层面，爱情是人类一生中最为主要的理想，和它相比那些财富、门第、权柄都不过是一些浮云腐土罢了。"

人世间有没有生死白头的爱情？有没有无论世事如何变幻而相守一生的爱情？如果有，那么张学良和赵四小姐的爱情便是其中的一个代表。

1928年，时年芳龄16岁的赵四小姐在社交场合遇上了风度翩翩、春风得意的少帅张学良。也许是两人的惊鸿一瞥，但是这一眼却将两个人的一生紧密地联系在了一起。

当赵四小姐和张学良未婚同居的时候，她的所作所为自然受到了来自父母一方的强大压力，最终父亲特意登报声明和赵四小姐脱离父女关系。但即使如此，也未能使得赵四小姐在爱情的道路上停止脚步。

两人的幸福生活并没有维持多久，也许是上天对一切美好姻缘的嫉妒吧，西安事变后的张学良遭到了国民政府的软禁。

在张学良被软禁的这一段时期内，赵四小姐度日如年，因为她不能够朝夕陪伴在张学良的身边，她为他的前途命运和个人生活而忧心如焚。

但倔强的赵四小姐不肯屈服，她随后利用一切关系，终于从香港绕道于1940年赶到贵州省修文县阳明洞，在这里她和遭受软禁的张学良久别重逢。这一次，她发誓两人绝不能够再次分开，无论前面的道路多么艰难曲折，她要一生一世地陪伴他走下去。

在命运浪潮中的张学良身不由己，从国内到台湾、从台湾到美国夏威夷定居。长达多半个世纪的时间里，张学良和赵四小姐也不知道更换了多少次地方，但每一次搬到新的居所，只要两个人还能在一起，那么他们就认为这个世界还是完整的。

2000年，赵四小姐在美国病逝。对于这位陪伴自己大半生的挚爱，张学良本人自然也痛不欲生，因为只有他知道赵四小姐对他的爱是如此地深沉，并经受了血与火的艰难考验。但斯人已逝，这份执著而感人的爱情只能来世相报。一年之后，一代传奇人物张学良也溘然长逝，追随赵四小姐于另一个世界之中了。

真正的爱，不论身份地位，不求名利富贵，它体现出的是柏拉图所描绘的那种超越生命的长度、心灵的宽度以及灵魂深度的爱。

爱是一个封闭箱

爱的力量大到可以使人忘记一切，却又小到连一粒嫉妒的沙石也不能容纳。

——柏拉图

在柏拉图的笔下，爱的力量是一面双刃剑，它可以让人勇敢无畏，在激情之中充满无穷的智慧，使人在爱河之中享受幸福和甜蜜的滋味。但是，爱的力量也可以使人因为心生嫉妒而发狂，看到心爱的人不爱自己，反而去和情敌卿卿我我，那种心如火烧的滋味也只有当事人可以知道，有时会为这种发疯的嫉妒而做出不理智的行为。所以，在爱的这个封闭箱中，我们每一个都希望将爱据为己有，它是一种自私的拥有，容不得别人有一丝一毫的侵占。

房玄龄是唐朝初年最为有名的宰相之一，也是中国十大贤相的榜中人物。但这样的一位能力出众、具备治国安邦之才的能臣，居然被他的妻子卢氏管教得服服帖帖。

房玄龄对国家大事非常上心，尤其是在唐朝初年，国家刚刚建立，正处于一个百废俱兴的局面之中。因此，为了国事的处理，房玄龄常常夜以继日地工作，达到了废寝忘食的地步。作为皇帝的李世民自然将这些情况都看在了眼里，他由衷地感叹手下有这样一批踏实能干的臣子协助，于是就想起了赏赐些什么的念头，可是赏赐什么才最能令人满意呢？

为此，李世民可是动了一番脑筋，赏赐一般的金银财物或者是布帛之类的东西，一方面房玄龄不需要，也显得有些庸俗，另一方面不能充分体现出皇帝对臣子的爱戴之情。于是，在一番思考之后，李世民决定赏赐几个美女给房玄龄。

听到李世民赏赐的内容后，房玄龄连忙跪地连称不敢，无论李世民如何相劝，房玄龄就是死活不答应。在皇帝的追问之下，才得知房玄龄的妻子卢氏对他一向恩爱有加，当然在这份恩爱之中还蕴含着强烈的占有欲，不许房玄龄和任何女子接触。

这样的事情在古代社会可是太少见了，哪个富贵人家的男子没有三妻四妾呢？李世民一开始也原以为这是房玄龄的借口，或许他想进一步考验房玄龄和妻子卢氏之间的爱情关系，于是就硬逼着房玄龄回家做卢氏的工作，必须答应皇帝对他纳妾的要求。

商量的结果自然行不通，卢氏怎么也不肯同意。李世民最后决定以九五之尊的威严来逼迫卢氏就范，甚至当众拿出一壶酒，如果卢氏不答应，那么就要喝下这壶毒酒。

谁知性情刚烈的卢氏依然不肯松口，面对李世民的威胁没有丝毫的畏惧之意，真的当众喝下了那壶“毒酒”，不惜以生命为代价来捍卫她心目中的爱情占有。

当然事情有了戏剧化的转折之后，李世民不会真的以一壶毒酒来残害卢氏的性命。但是，他和房玄龄也从这件事情中看出，卢氏对丈夫的爱是一种自私的拥有，容不得再有其他任何一个女子。为了捍卫这种占有，在爱情力量的驱使下，卢氏所表现出来的刚烈和无畏气概令人为之动容。

所以，正如柏拉图所说的那样，爱就是一个封闭箱，爱的力量大到可以使人忘记一切，却又小到连一粒嫉妒的沙石也不能容纳。

不幸福的爱果断放手

如果，不幸福、不快乐，那就放手吧；如果，舍不得、放不下，那就痛苦吧！

——柏拉图

爱情的本质是什么？也许答案会有千万种，但是归结到一点，爱情就是可以使得沉浸于其中的双方都能够感受到幸福和快乐的滋味，这才是真正的爱情本质。如果在相爱的时候，任何一方都得不到这种美妙的滋味，只是在不断地给对方增添不尽的痛苦和折磨，那么就表明我们爱的味道已经变了质，早已脱离了爱的本来面目。

当我们的爱情走到这一步的时候，不妨冷静地想一想，再这样“爱”下去还有什么意义呢？莫不如像柏拉图所说的那样：如果不幸福，如果不快乐，那就放手吧，不要再让痛苦去折磨你我。其实，放手也是给相爱之人的一种幸福，彼此放下，舒缓纠结的心灵，所谓的痛苦也会随着时间的流逝而烟消云散。

普希金是俄国伟大的诗人，他的爱情诗歌曾拨动了多少人情感的琴弦，也使得他笔下那份炙热的爱恋之火融入到每一个热恋之中男女的血液之中。但这样一位多情且才华横溢的大作家，自身的爱情并没有他诗歌中那么完美，甚至是一种遗憾，并因为这种遗憾而最终使得普希金丧失了自己的生命。

1830年，年近三十的普希金在一场舞会上结识了一位貌若天仙的女子，女子婀娜的舞姿令普希金陶醉其中，由此他不可遏制地爱上了这位名叫娜塔丽娅·冈察洛娃的女子，甘愿拜倒在她的石榴裙下。

在普希金强烈的爱情攻势下，1831年普希金终于抱得美人归，如愿以偿地娶娜塔丽娅·冈察洛娃为自己的妻子。

婚后两人曾度过了一小段幸福的时光，但是在这短暂的幸福时光过去之后，笼罩着两人生活的是更多不和谐的阴影。

尽管普希金如此疯狂地爱着自己的妻子，并因为她而创作出了一大批脍炙人口的诗歌，但是对于每一首诗歌的创作，娜塔丽娅·冈察洛娃表现出的是一副漠不关心的面孔，因为她的兴趣全部集中在了社交舞会上，那里才是她展现自身优美身姿以及吸引异性目光的地方。

爱慕虚荣且挥金如土的娜塔丽娅·冈察洛娃，让普希金背上了沉重的债务负担。为此，普希金不得不花上自身大量的精力、时间以及金钱来满足妻子无限膨胀的欲望。每当普希金深夜工作归来的时候，门外则是一大群前来讨债的人，因为当时年薪仅仅5000卢布的普希金难以满足一年花费2.5万卢布妻子的需求，只好借债度日。

普希金感到一种难言的痛苦，他曾不无忧虑地给朋友写信道："对于生活的顾虑，使得我无暇感到寂寞。但是我失掉了写作的那种自由独身的生活闲暇。我的妻子总是衣着入时地在社会里混……"

然而，这种痛苦和悲剧并没有结束，最后由于妻子的轻浮行径而迫使他和一名叫作丹特士的人进行决斗，为此付出了生命。

普希金因放不下不幸的爱情生活，最终导致了他的死亡，这也应验了柏拉图对于不幸爱情的预言。

真正的爱没有目的

> 真正的爱就是要把疯狂或是近于淫荡的东西赶得远远的。
>
> ——柏拉图

对于真爱的理解，柏拉图有过这样一段精辟的阐述："当心灵摒绝肉体而向往着真理的时候，这时的思想才是最好的。而当灵魂被肉体的罪恶所感染时，人们追求真理的愿望就不会得到满足。当人类没有对肉欲的强烈需求时，心境是平和的，肉欲是人性中兽性的表现，是每个生物体的本性，人之所以是所谓的高等动物，是因为人的本性中，人性强于兽性，精神交流是美好的、是道德的。"

由此可以看出，"柏拉图式的爱情"是建立在"精神恋爱"基础上的一种真爱。这种真爱显然是超越了单纯追求感官快乐的低级趣味。从更深层次讲，柏拉图的这种真爱无关于性爱，他的爱情观重视人们精神层面的交流，而不是纯粹的肉体欲望。因此，柏拉图坚信所谓真正的爱情，就是一种可以始终持之以恒的情感，同时无情的时间才是这种爱情最好的试金石。换言之，也只有那种超凡脱俗的爱，才能够经得起时间的考验。

南宋著名诗人陆游和表妹唐婉曾有过一段哀怨凄美的爱情故事。

两人小时候便青梅竹马一起长大，因此双方都有牢固的感情基础，等到成年之后，陆游和表妹唐婉更是陷入了爱河之中，并幸运地结为伴侣。婚后两人的爱情也很稳定，都有着对文学共同的爱好，因此彼此相敬如宾，在志同道合的氛围中享受着两人爱情世界的甜蜜生活。在他们的观念中，爱情就是一种相知相守，彼此会心的一个微笑或是一个细微的动作都能够引起对方情感上的共鸣。

然而，这份纯真的爱情并没有维持多久，由于家庭内部的事务，陆游的母亲对两人的婚姻大加干涉，以至于最后发展到强迫陆游和唐婉离婚的地步。

尽管陆游多么不情愿，但是在封建社会不孝的罪名很大。在母命的压力下，万般无奈的陆游只好选择和唐婉忍痛分离，这一对年轻人的美满婚姻就这样被无情地拆散了。虽然后来陆游依母亲的心意又重新成家，但是他的心里始终对唐婉念念不忘而时刻牵挂。

一晃十年时间过去了。一个明媚的春日，满怀忧郁心情的陆游独自一人漫游在山阴城沈家花园，正当他一个人借酒消愁之时，突然他意外地看见了唐婉那个令他无比熟悉的身影。但是，此时佳人已然有了自己的家庭，在强压心中炙热爱情火焰的同时，陆游挥笔在花园墙壁上写下了著名的诗词《钗头凤》：

红酥手，黄藤酒。满城春色宫墙柳。东风恶，欢情薄。一怀愁绪，几年离索。错、错、错。

春如旧，人空瘦。泪痕红浥鲛绡透。桃花落，闲池阁。山盟虽在，锦书难托。莫、莫、莫。

看到这首哀怨无奈的诗词，唐琬也悲从中来，随即和了同样的一首《钗头凤》加以回应，但是她知道两人的爱情只能留待来生相续了。

爱情就是这样，就像柏拉图所指出的，无关任何淫荡的东西，它需要的是彼此心心相印的爱恋，即使是分离，也会彼此牵挂一生。

第七章

交际

——在交际中点亮自己

人生需要交际，生活需要朋友

生活中若没有朋友，就像生活中没有阳光一样。

——柏拉图

对柏拉图一生影响最大的有两个人，一个是苏格拉底，一个是叙拉古的迪恩。苏格拉底不仅是柏拉图的老师，同时还是他的挚友，两人的关系甚至超越了一般挚友的情谊。当柏拉图第一次去拜见苏格拉底的时候，苏格拉底在头天晚上做了一个梦，梦见腿上站立着一只洁白的鸽子。因此，当苏格拉底看到柏拉图的时候，就认为对方是自己梦境中的那只白鸽。因此从一开始，两人的师生情谊和朋友关系就深深地交错在一起。同时，在苏格拉底深厚学术的影响下，柏拉图终于站在了哲学的殿堂之上。

迪恩也是柏拉图的好朋友，两人相遇在叙拉古，当时正是柏拉图人生的低潮期，但是和迪恩的相识使柏拉图在患难之中感受到了真正友谊的那种阳光般的温暖。两人一起沉浸着哲学的世界中，仿佛忘记了时光的存在。

人类是一种社会性、群体性生物，每一个人都不可能生活在真空之中，每天都要和形形色色的人们打交道，因此在这样的一个过程中，交际成了一项必不可少且能够连接人和社会之间的载体，朋友也由此产生。

因此，相信自从有人类社会以来，朋友这个概念一直伴随着人类活动的始终。它作为一种友情的元素，和亲情、爱情一起构成了人类情感世界中难以或缺的一部分。当我们有了欢乐和喜悦的时候，我们需要朋友来分享；当我们遭受挫折困苦的时候，需要朋友来鼎力协助；当我们处于孤独的时候，更需要朋友来陪伴、来安慰。身边有了真正朋友的存在，我们就可以忘却许多不快和烦恼，在积极的正能量鼓舞下昂扬向上。

故而在人生的旅途中，我们不可想象身边没有朋友的日子。我们于茫茫的人海中，遇到了最能懂得自己的那一些朋友，双方不分名利地位，不论高低贵贱，仅凭一份浓浓的情谊就能够从相识到相知，从相知到相近。虽有聚散离合，但是其间所结下的友谊始终不变、亘古长存。

俞伯牙是春秋时期著名的音乐家，在琴艺方面有着高超的技艺。但是当他学有所成，每每独自一人弹奏的时候，总是感觉身边少了一个能够真正懂得自己琴音含义的知己，并因此而感到彷徨苦闷。

一次，俞伯牙在江边弹奏起《高山流水》这首曲子，当他的琴意在高山的时候，忽然听得身后有一人高声赞叹道："弹得实在是太好了呀！琴声就像一座座巍峨的高山。"当伯牙的琴意在流水上面的时候，这个人又接着赞叹道："弹奏得真好呀！琴声就仿佛那浩浩荡荡的东流之水。"俞伯牙闻言大喜，他感觉自己终于找到了人生的知己。

两人由此成为了至交好友后来钟子期因病去世，俞伯牙感叹生命中再无这样的知音相随，于是将琴摔断，终生不再弹琴。

真正的朋友是什么？是肝胆相照，是荣辱与共，是生与死的不离不弃，在我们最需要的时候能够及时地雪中送炭，而不是落井下石。所以说真正的友情是无私的，是彼此建立在相知基础上的一种最为朴素和最为高尚的情感，正如柏拉图和苏格拉底以及迪恩之间的关系一样，相交相知，惺惺相惜。

真理是交际的原则

尊重人不应该胜于尊重真理。

——柏拉图

柏拉图是一名积极的政治活动家，同时更是一名严格意义上的伟大学者。他的后半生都沉浸在严肃的学术研究中，因此将学术真理视为如生命般宝贵，并给以高度的重视和尊重。这种尊重的情感甚至要超越对他人的礼遇之情，这一点在柏拉图创建和发展学院的时候表现得尤为明显。

当时，柏拉图比较推崇哲学和几何学，于是他在房屋的门外挂上了一副牌子，牌子上面写着“不懂几何学者不准入内”。可见，为了维护他心目中崇高的文化知识和数学真理，对于那些没有真才实学的人少了尊重的味道。换言之，柏拉图的这种行为明显地告诉对方：如果你没有知识的头脑，那么就别想做我的朋友。

将柏拉图的人际交往理念再向深层次推广，就是一切以真理为交际的准则。说真话、办实事，有着真才实学、诚诚恳恳的人才是我们值得交往的对象；趋炎附势、表里不一的人，我们应当在防范中远离他们。

南宋时期著名的理学大师朱熹和心学大师陆九渊两人原本是好朋友，但是在具体的学术观点上却有着较大的分歧。

后来，文人吕祖谦为了调和朱熹和陆九渊两人之间的矛盾分歧，分别召集两人在鹅湖相会。在这场闻名后世的“鹅湖相会”中，朱熹和陆九渊继续就学术和思想上的分歧展开了激烈的辩论，双方谁也没有说服对方。

最后的结果尽管朱熹和陆九渊两人不欢而散，但是双方出于对学术的尊重，其思想上的交锋反而成就了一段文坛佳话。这就是友情和真理出现两难选择的时候，两个人都不约而同地选择了真理。

在真理交际的原则上，我们还可以从中看出一个人的忠奸品行。秦朝末年的宦官赵高，为了压制大臣向秦二世禀告实情的行为，于是就想出了一个“指鹿为马”的刁钻办法。他命人牵来一只鹿，然后对秦二世说这是一匹非常优秀的战马。秦二世也疑疑惑惑，然后让其他大臣发表意见。凡是说出实情的，赵高事后都暗中加害；而那些随声附和的，赵高便引为同类。

赵高利用这个办法分清了大臣中谁和自己一派，谁又心怀不满，他使用欺上瞒下的手段压倒了真理，虽然表面上占据了上风，但是秦朝的灭亡也由此埋下了伏笔。那位糊涂的秦二世还据此以为赵高才是忠心耿耿的臣子，谁知最为奸猾的小人却隐藏在自己的身边。

以事实说话，这是人际交往的一大准则。正像柏拉图一样，以真理和知识为交友的纽带，远离那些不学无术的人士。我们喜欢和那些诚实果敢的人士交往，是因为他们始终能够坚持事物的真理和原则，不因私情而动摇。这些人的身上都具有正直、无私、坚韧的高尚品格，从他们身上我们可以吸收到无数积极的正能量为我所用，以对自我人生的发展起到重大的促进作用。

话不要想说就说

智者说话，是因为他们有话要说；愚者说话，则是因为他们想说。

——柏拉图

作为一代哲学和文化大师，柏拉图称得上是一位智者，因此他站在智者的高度来看待众生，对人性有非常精辟的论述。那些头脑有智慧的人一般沉默寡言，对事物轻易不发表自我的看法，只有等到时机和条件成熟的时候才会说出内心真实的想法，而这种想法也往往会对事物的发展起到重大的助推作用；反观那些头脑简单的人士，遇事不论对错总爱发表自我的意见，希望以此来显示他的高明，尤其在关键时刻管不住自己的嘴巴，只会乱上添乱。

由此可见，话语不是想说就说，要分对象、时间、地点以及环境等诸多方面。一旦讲话时机不当，不但于事无补，反而会给自身带来不测的祸患。同时，我们在实际生活中也可以根据对方说话的水平和艺术，来正确地区分智者和愚者。

三国时期，曹操身边有一位大才子杨修，为人聪敏机敏，见多识广。但是，杨修身上有一个非常显著的缺点，就是时常喜欢卖弄他的才学，深怕别人不知道。有一次，曹操让人造了一个花园，花园竣工之后，曹操参观了一下，什么话也没有说，只是在门上面写了一个“活”字，众人面面相觑的时候，杨修过来说：门上写“活”字，意思为“阔”，说明丞相嫌弃门太窄了。众人听后这才恍然大悟，连忙动手重新将园门修整了一番。

类似的例子发生了好几次，杨修总是抓住一切机会显示自身的小聪明，但是却不知道已经犯了曹操的忌讳。但是这些事情都是一些“脑筋急转弯”性质的问题，曹操也无从发火。最为严重的事情是，一次曹操出师不利，想要退兵又有些难为情，于是在传达夜间巡逻命令的时候，随口说出了“鸡肋”两个字。杨修一见，立马意识到这是曹操想要退兵的意思，于是在未争取曹操同意的情况下，就在军中擅自发布撤兵的消息。这一次杨修的做法终于激怒了曹操，以“扰乱军心”的罪名将杨修处死。

杨修为人不可谓不聪明，但是他也很愚蠢，不会说话，也不明白什么时候应该说话，模糊了自己的身份地位，也极大地挑战了曹操的权威，其下场自然不言而喻。

和杨修相反的例子是清朝名臣张廷玉。张廷玉前后一共侍奉过康熙、雍正、乾隆三个皇帝，这份殊荣在大清空前绝后。尤其是在那个“伴君如伴虎”的年代里，大臣一句话不注意就会招来杀身之祸；但是如果一直装糊涂，也难以瞒过这几位精明的皇帝。梳理张廷玉屹立不倒的秘诀，就是他始终秉持一个重要的原则：“万言万当，不如一默。”说话办事要看时机和对象，该说的时候一定要直抒胸臆，亮明自己的观点和立场，以赢得皇帝的青睐；不该说话的时候，千万不要乱说、胡说，管好自己的嘴巴，以免惹祸上身。

从杨修和张廷玉两人的比较中不难看出，他们中间谁才是真正的智者。所以，在人际交往中，我们要始终以柏拉图的告诫为准则，说话的时候一定要掌握好分寸，在自我思虑成熟的时候才开口。同时，从反方向说：当我们遇到一位自以为很聪明又喜欢夸夸其谈的人，那么立即就可以断定其人智力的高低了。

好性情让你的语言更有吸引力

语言的美、乐调的美以及节奏的美，都表现好性情。所谓好性情，并不是人们通常用来恭维愚笨的人的那个意思，而是心灵真正尽善尽美。

——柏拉图

在人际交往中，一个好的性情非常重要。对此柏拉图也有深刻的体会，他作为哲学大师，从文化的角度谈了好性情对于语言、乐调以及节奏等艺术形式美的看法，他认为这一切艺术形式的美都是建立在一个人良好性情基础上的。也就是说，人们在心底深处所涌动的那种真善美，往往是外在行动的力量源泉，并由此促使这些外在的行为方式趋向美好的一面。

一个人的好性情往往表现为善和柔两个方面。为人善良和蔼，那么就会以温雅的方式处世，接人待物也彬彬有礼。生活中我们也有很多这样的感触，面对一个和蔼可亲的人人们会立即生出几分好感，那种初次见面的陌生和戒备也将极大地降低很多。尤其是在人际沟通中遇到复杂矛盾的时候，善意的言行举止常可以使得对方平息怒火，转而以心平气和的方式倾听我们对事物或问题的看法建议。因为我们的善，所以在化解矛盾过程中的语言也常常充满强烈的张力和感染力，能够直抵对方的心灵深处，从而达到良好沟通的目的。

好性情中“柔”的方面也是非常重要的。柔并不代表一种软弱，而是一种春风细雨式的感化，和人接触的时候谈话方式委婉轻和，解决矛盾的时候不急不躁，建立在“柔和”基础上的语言艺术极具吸引力，这也迎合了哲学上“以柔克刚”的道理。

春秋战国时期，秦国向赵国发动进攻，抵挡不住的赵国只好向齐国求救，但是齐国方面却要求赵国送来人质才肯出手相助。由于齐国方面索要的人质是赵太后最为疼爱的小儿子长安君，对此赵太后坚决不肯答应。

虽然赵国大臣据理力争，但是无论怎样反复陈说其中的厉害也难以让赵太后松口。最后，恼羞成怒的赵太后竟然放出话来：

“谁要是再提长安君为人质的事情，我就向他脸上吐口水。”

面对刁钻又死脑筋的赵太后，众人一筹莫展。就在这个时候，大臣触龙前来拜见，看见怒气冲冲的赵太后，触龙充分展现出自身好性情的一面。他不顾赵太后的讽刺挖苦，先是道歉长时间没有向赵太后问安，随即又和她拉起来家常。等到赵太后放松警惕，不那么反感自己的时候，触龙又很自然地谈到了对自己儿子的疼爱，由此触及了赵太后柔弱的内心。最后，触龙动之以情、晓之以理，终于让赵太后回心转意，同意让长安君充当人质的做法。

触龙的劝谏之所以能够成功，除了他高超的心理艺术灵活运用外，更为重要的是触龙有着一个忍耐的好性情，采取“以柔克刚”的方式顺利拿下个性强硬的赵太后，从而将矛盾完美解决。

不言而喻，好性情可以使人的谈话艺术有较强的感染力。但是，正如柏拉图所说的那样，好性情不代表对人的一种恭维，而是发自内心的柔与善。心灵柔和纯美，那么外在的性格和为人处世也就能够呈现出与人为善的特质了。

相遇是缘，离开是分

有的人与人之间的相遇就像是流星，瞬间迸发出令人羡慕的火花，却注定只是匆匆而过。

——柏拉图

柏拉图以八十高龄告别了这个世界。在他跌宕起伏的一生中，可谓阅尽了世间的沧桑荣辱。他当过兵，从事过政治运动，在国外游学多年，同时在晚年的时候又教授过一大批优秀的人才，一生之中和无数个形形色色的人打过各种各样的交道。正因为有如此丰富的人生经历，因此他对人生的感悟总是那么直抵人心。

在人与人之间的缘分上，柏拉图深刻地指出，人与人相遇就像流星一般，可以在瞬间迸发出令人羡慕的火花，最终却注定只是匆匆而过。老人的话语很直白，甚至有一点酸楚的味道在内。但是，我们仔细思考，人一生之中的交往很多时候不正是这样的一个状况吗?

人们常常用“茫茫人海”来形容我们生活的这个世界。世界那么大，人又那么多，很多时候彼此只是擦肩而过的关系，可为什么偏偏是你和我能够近距离地相逢在一起并成为最好的朋友呢？也许这就是冥冥之中的缘分吧。所以，既然你我相逢相知，那么就要珍惜这份难得的缘分，然后在志同道合的基础上将这份珍贵的友谊酿成醉人的清酒，一起朝着双方共同的理想和目标奋斗，去创造人生的辉煌。

但既然是缘分，那么这种来之不易的缘分也许会有缘尽的那一天。等到我们因为种种现实原因而不能够在并肩奋斗的时候，也不要有太多的伤感，因为世间没有不散的“宴席”，有聚就有散，有合就有分，只要不辜负美好的青春即可。因此，相聚了就要好好珍惜，分别了也要好好珍藏，珍藏住一切美好的回忆，彼此鼓励走向人生的下一个驿站。

三国时期刘备在最为落魄的时候，谋士徐庶来到了他的身边，他为刘备详细分析天下未来的发展形势，在多次的军事斗争中也曾努力地出谋划策。徐庶为人最大的贡献就是能够举贤任能，他在刘备身边的时候，积极地向刘备夸赞诸葛亮的才能，并对刘备说得到了诸葛亮便可以得到天下，由此促成了刘备“三顾茅庐”的经典桥段。

但是，徐庶和刘备的缘分也就短短几年的时间，由于徐庶母亲被曹操俘虏，因此在曹操的胁迫下，身为孝子的徐庶只好告别刘备，到曹操一方任职。原本是君臣和谐的关系，此时却成为了对立的一方。然而，大度的刘备并没有责怪徐庶，也非常体谅此情此景下徐庶的处境，虽然双方站在了对立面上，但是彼此却心有灵犀，小心翼翼地珍惜着以往的那一段难得的君臣之缘。

我们感叹徐庶的离去，常常由此责怪造化弄人，但在自然之道下的人际关系也往往呈现出这样的一个结局。因此，当我们理解了柏拉图话语背后的意思，那么就应当珍惜茫茫人海中的每一次相遇，在相遇的时候一起笑、一起哭，不要等到分别的时候有任何的遗憾，因为缘分尽了，纵然有万般的不舍也无可奈何，这也许就是最为真实的人生交际吧！

用“爱”沟通

没有了爱的语言，所有的文字都是乏味的。

——柏拉图

柏拉图对爱情有很深的见解，他认为爱情是双方彼此灵魂的沟通，在形式上则表现出爱意浓浓的话语，这是双方心与心相交接的桥梁和载体。其实不仅是爱情，在日常的交际中，我们也需要使用爱的语言来赢得人们的好感和信任，进而成为可以交往的朋友。因为在柏拉图看来，一切有情感的生物都需要在爱的基础上传情达意，如果没有爱的元素参与其中，那么人与人之间的沟通就缺乏必要的真诚，再华丽、优美的言辞也会变得苍白无力。

用“爱“进行沟通，首先是要做到真诚。采取以情动人的策略来打动对方，因为真诚是爱的基础。在人际交往中，双方都必须坦诚相见，作为主动沟通的一方，更要以真诚来对待对方，只有自己先拿出了信任，才能赢得对方的好感，坦坦荡荡、光明磊落永远是有效沟通的“王牌”。

廉颇是赵国著名的将领，一生征战南北，立下了汗马功劳。但是，在赵国和秦国的外交争斗中，作为宾客舍人的蔺相如以大义凛然的行为为赵国保存住了国家的尊严，因此受到了赵惠文王的喜欢，连续升迁蔺相如的官职，后来竟然位居廉颇之上。

对于这个后起之秀，廉颇从心眼里瞧不起，认为蔺相如并非贵族出身，只不过是依凭巧舌如簧的本事才荣登丞相的宝座，可以说是一种投机取巧的行为，为此廉颇不断地暗中使绊子。

面对廉颇咄咄逼人的气势，蔺相如从大局出发，并没有反唇相讥，他知道只有联合了廉颇，赵国才有兴旺稳定的可能，一旦内斗将是两败俱伤的局面。因此，蔺相如对廉颇一方充分展现出了真诚的一面，他曾意味深长地对门客说：“我连虎狼一般的秦王都不怕，怎会害怕廉颇将军呢？我之所以一直退让，就是因为不愿意看到将相不和的情况发生啊！”

蔺相如的话语传到了廉颇的耳朵里，他听后深受感动，也为蔺相如顾全大局的坦诚所感化，立即捐弃前嫌，上演了一场“负荆请罪”的经典故事。

用“爱”去沟通，还要充分展示出我们善意的一面。在善意的基础上，推心置腹地告诉对方我们这样做是为了对方考虑，这样我们的话语才有高度的感染力。否则，伪装出来的假心假意会令人更为不舒服，反而起不到良好沟通的效果。

赵匡胤夺取天下之后，常常为手下军事将领手握兵权而担忧。于是，他特意召集了一场宴会。在酒宴之上，赵匡胤以唐朝灭亡为例子，对在座的诸位大臣们说："你们手握重兵，做皇帝的寝食不安，何不如告老还乡，做一个自由自在的富家翁，如此君臣相合岂不相得益彰？"赵匡胤的话语不多，也没有采取阴谋胁迫的手段，而是直白地将自己为这些将领未来命运的考虑说了出来。这些将领立即心领神会，一场"杯酒释兵权"就将君臣之间的矛盾化解于无形。

显而易见，人际交往中如何沟通很重要，我们要始终把握柏拉图用"爱"去沟通的原则，切忌伪善的行为，那样反而会让人更加察觉到我们的虚伪并反感不已，如此便会落一个弄巧成拙的下场，得不偿失。

公平对待每一个人

待人不公正比受到不公正的待遇更有失体面，制造不公比承受不公更可耻。

——柏拉图

在人际交往中，我们对待身边的每一个人都应当秉持公正公平的理念，不分高低贵贱，也不论出身背景。这一原则也是柏拉图人生阅历的总结，他认为以不公正的方式对待别人，是对别人的一种莫大侮辱，甚至会引起对方的强烈反感，从而使我们处于更加难堪的地步之中。因此，对人要一视同仁，做事从公心出发，光明磊落才是做人的准则。

战国时期，齐国的孟尝君为人豪爽，喜欢结交天下的英雄侠客，在他侠义之风的感染下，先后有数千名宾客纷纷投奔到他的门下。这些人当中各有才能，虽然各自的出身地位不同，但是在孟尝君这里都能够受到一视同仁的对待。

有一次，孟尝君出使秦国，秦国国君倾慕他的才能，因此想要将他留下来加以重用。但是，秦王的做法并不符合孟尝君的心意，他一心想要离开秦国。后来，在谋士的建议下，孟尝君采取悄悄逃离的策略，从秦国首都一路潜逃出来。

一行人连夜跑到了函谷关这里，然而此时已经是半夜时分，按照秦国的律令，只有等到鸡鸣时分才可以开关，恐怕夜长梦多的孟尝君万分着急，这个时候他手下的一位宾客毛遂自荐，拿出自身的看门绝活，惟妙惟肖地模仿起雄鸡打鸣的声音。守关的士兵听到声音之后，误以为已经到了黎明时分，于是就糊里糊涂地打开城门放走了孟尝君一行人，这就是历史典故“鸡鸣狗盗”的由来。我们也由此可以看出，正是孟尝君在平日里一视同仁地对待所有宾客，并不因对方的身份地位而看不起他们，所以能够在关键时刻化险为夷，逃出了秦国的牢笼。

同时，在另一方面，当我们承受了不公正对待的时候，要放平自我的心态，以宽容之心对待那些曾给我们制造不公平的对象，以德报怨最终可以收到化敌为友的良好效果。

春秋战国时期，魏国和楚国国境相邻的地方有两个村庄，当时正好遇上了一场干旱的天气，魏国村庄的百姓非常勤快，每日里对田地里的蔬菜不停地担水浇灌，因此蔬菜长势旺盛。看到这种情况的楚国人内心立即不平衡了，这个村庄的百姓常常趁着黑夜去破坏魏国那边的庄稼。

面对这种欺辱，魏国方面一开始也是怒气冲冲，也准备采取同样的方式加以报复。但是，村内一名德高望重的老者却劝慰大家应当以德报怨，否则双方的仇恨会越积累越深，最后将兵戎相见。在这名老者的劝说下，魏国村庄的百姓在黑夜里不辞辛苦地担水去浇灌楚国那个村庄的庄稼。

楚国人得知真相后羞愧不已，楚王听闻这个消息之后也深受感动，于是主动向魏国方面示好，双方边境因此安定下来。

因此，在实际生活中，我们要以柏拉图的处世方针为榜样。一方面，我们应当以公平之心对待身边的所有人，使他们始终可以感受到我们的真诚和尊重，从而促进双方的友好关系；另一方面，就是当我们遭受不公正对待的时候，要有宽恕之心，不能采取以牙还牙、以眼还眼的方式。如果这样的话，反而会使事情陷入更加复杂的局面之中而难以调和，最后导致一个两败俱伤的不良后果，于己于人都百害而无一利。

讲真话，赢信任

讲真话是演说家的美德。

——柏拉图

柏拉图既是一位哲学大师，在年轻时代也曾醉心于政治活动，又称得上是一位有着自我见解的政治理想家。作为一名政治活动者，在面对听众进行演讲的时候，就必然要讲真话，讲实话，以情动人才能赢得人们的尊重和好感。如果满口谎言，希望通过虚情假意的许诺和不切实际的口号来吸引人们的关注，那么对方只能算作一位嘴脸丑恶的政客而已。所以，在任何时候都要讲真话，这也是柏拉图从事政治活动的底线和准则。

他提倡讲真话的思想可以从他在七十高龄时所撰写的自传式著作《第七封信》中有这样一段自白："我当时年少天真，总以为新政权将以正义取代不正义，我极端注意他们先是怎么说的，后来又是怎么做的。这些绅士们的一举一动，一下子把他们所毁坏的民主政权反而变得象黄金时代了！他们居然命令我的师而兼友的苏格拉底去做非法逮捕他们的政敌。苏格拉底严词拒绝，宁死不屈。我敢肯定地说苏格拉底是当代最正直的人啊！

当我看到这些以及其他种种，我衷心厌恶，决定与这个可耻的政权完全脱离关系……后来我年事渐长，深知在政治上要有所作为，首先必须有朋友、有组织，这种人在政客中非常难找，因为他们做事没有原则，而且没有传统的制度和风纪。要找到新的人才，简直难于登天。况且法规旧典，在雅典已多散失。当时，我对于政治持有雄心勃勃的状态，唯有大声疾呼，推崇真正的哲学，使哲学家获得政权，成为政治家，或者政治家奇迹般地成为哲学家，否则人类灾祸总是无法避免的。”

从这份柏拉图的自述中我们不难看出，他认为从事政治活动就必须讲真话，遵守正直的原则，对老师苏格拉底的品行极为推崇。加上他喜欢哲学，因此哲学家和政治家能够糅合到到一起，具备敢于说真话的品质。

魏征是唐朝初年著名的大臣。作为唐太宗李世民治理国家的主要助手，魏征身上最为显著的一个特点就是能够在关键时刻敢于讲真话，对于涉及大是大非的原则问题丝毫不让步，哪怕是得罪了李世民也在所不惜。

有一次，李世民想要修建一座园林，其他大臣对此都保持沉默。唯有魏征上前说道：“现在我们国家刚刚建立，百废待兴，因此作为皇帝应当带有节俭，以给天下臣民作出表率，如果沉迷于酒色嬉戏之中，那么皇帝您就犹如历史上的夏桀、商纣一般啊！”

魏征的话语毫不客气，一点也不给李世民面子。其他大臣见他这么说纷纷吓得惶恐不已，即使是当事人李世民也好一阵难堪，不过最后他选择以大度的方式原谅魏征的直言敢谏。也正因为魏征在任何时候都坚持自己的原则，说真话，做实事，因此在唐初大臣中间，魏征始终能够得到李世民的尊重和信任。

讲真话不仅是做人的一大原则，更重要的是，它还是人际交往中人们身上所必不可少的品行。相信生活中没有人喜欢和那些满嘴假话、套话的人交往，就连柏拉图如此有修养的人，也极其反感那些不诚实的政客。因此，以真为美，以事实为依据，讲真话、办实事，定能赢得身边人的尊重和喜爱。

结交真朋友，谨防假朋友

衡量一个人的价值就看他拥有权力时的所作所为。

——柏拉图

公元前388年，柏拉图在游学期间来到了西西里岛的叙拉古城，这是他第一次慕名来到这个地方，试图说服叙拉古城的统治者狄欧尼修建立一个由哲学家管理的理想国，也就是实现其理想中的贵族奴隶主政治。但是这次却无功而返，因为自己的政治主张不被对方所认可。在随后的岁月中，柏拉图又先后两次前往叙拉古城，最惊险的一次他还被对方扣留，差一点作为奴隶卖掉，幸亏在他好友的帮助下才化险为夷。

通过对叙拉古城的几次造访，柏拉图彻底认清了执政者丑恶的嘴脸。狄欧尼修表面上很热情，装作对柏拉图政治主张非常感兴趣的样子，其实骨子里骄傲自负、志大才疏、满嘴都是道德的谎言，和这样一种类型的人打交道，去谈什么理想或主义，无疑是与虎谋皮。所以，当柏拉图彻底看透了对方的虚伪之后，果断地和对方断绝了联系，转而将主要的人生精力投入到了教学和著书立说之中。

什么是真朋友？什么是假朋友？这一点我们在人际交往中必须加以认清。真正意义上的朋友，无论在任何时候，都始终能够保持相见时热情、真挚的初心，即使我们落魄了，对方荣华富贵了，但是在内心深处依然视友情当作最为宝贵的东西；而那些假的朋友，和我们接近总是怀着这样或那样的目的，一起共享富贵的时候还能够维持彼此的关系，一旦我们需要对方伸出真诚的援助之手时，他们立即就会变换脸色，装作不认识的模样，或者是寻找各种借口不断推诿，就是看不到任何实际行动。

春秋战国时期，孙膑和庞涓原本都是当时名人鬼谷子手下的学生，两人朝夕相处共同学艺，因此结下了很深的友谊。

学习了几年之后，庞涓有意下山求取功名，于是就向老师鬼谷子辞别，临走时他信誓旦旦地对孙膑说：“我这次下山求取功名，等到我发达的时候，一定不会忘记兄弟你的。”

庞涓下山之后，来到魏国效劳，刻苦勤奋加上有着较大本领的他迅速地在魏国站稳了脚跟，受到魏王的重用并掌握了军权。但是，这个时候的庞涓早已将和孙膑的交情忘记得一干二净，后来还是魏王听闻孙膑更有才能才派人上山相请。

孙膑到达魏国之后，原本庞涓应当高兴才对，但是嫉贤妒能的他唯恐孙膑锋芒毕露而压制住自身前途的发展，于是一方面假惺惺地对孙膑嘘寒问暖，另一方面又在暗地中肆意陷害，终于使孙膑遭受酷刑而丢失了双脚。

最终，孙膑彻底看透了庞涓虚伪面孔背后所隐藏的杀机，在装疯卖傻逃出之后，运用计谋击败了人面兽心的庞涓。若不是孙膑早一步识破庞涓这个假朋友，恐怕已经死于非命了。

从孙膑和庞涓的故事中不难看出，在人际交往中分清真假朋友非常重要。所以，我们不妨运用柏拉图的识人术：衡量一个人的价值就看他拥有权力时的所作所为。若是对方身份地位提高了之后立即反目无情，无疑对方就是彻头彻尾的假朋友。

分清了真朋友、假朋友，我们就可以采取真诚的交友之道来和那些值得交往的人士做朋友，在共患难中一起成长，在人生曲折跌荡的道路上相互扶持、相互激励、共同发展进步。

交际中男女平等

女人的自然本质有多少不如我们男人的地方，就有多少优越于我们的地方。

——柏拉图

人际交往中，树立男女平等是一种非常重要的人权理念。遵循这一原则，不仅是男士绅士的一种表现，其实也是对整体人类的尊重。因为人类之所以分为男女，这仅仅是性别上的差异和区分，在承担具体社会功能上，女性和男性处于同等重要的地位。对此，哲学大师柏拉图有一段精辟的论述："女人的自然本质有多少不如我们男人的地方，就有多少优越于我们的地方。"

柏拉图这句话的中心意思就是强调男女之间的平等观念，女人所缺少的部分正是男人所拥有的；男人所缺少的正是女人所拥有的。男女在社会分工上的互补，正好构成了我们这个丰富多彩的世界。正因为如此，我们的人类社会也才得以长久地繁衍生息下去。

但是，在以男权为中心的社会中，很多人受到世俗观念的影响，总是认为女性不如男性，比如高强度的体力工作、宏观问题的预判和把握、大度的心胸等，但是事实果然如此吗？

答案显然是否定的，因为我们仅仅从很少的几个方面去加以比较，或者说，我们是拿男性的长处来和女性的短处比较，如此得出的结论又怎么能够公平呢？举一个很简单的例子，在事物的细心程度上以及能够敏锐地预知事情的征兆等方面，相比较而言，女性在这些地方有着得天独厚的条件，完败许多男性。

所以说，偏重一点而只看到男性的作用无疑是偏激的观点，我们的目光不能只狭隘地看到女性不如男性的一面；反过来是同样的道理，过分强调女性在人类社会发展中的作用也有失偏颇。没有女人的世界男人就会发疯，没有男人的世界女性也将无法立足。双方就像阴、阳两者之间的关系一样，相互调和、相互补充，在共同作用的基础上生成了推动社会发展进步的最大合力。

就以文化科学以及政治为例，很多杰出的女性在这些方面也做出了丝毫不亚于男性的伟大成就，世界上比较著名的有化学家居里夫人、文学家勃朗特三姐妹、政治家“铁娘子”撒切尔夫人、英国女王伊丽莎白一世等不胜枚举。

我国历史上此类杰出的女性也层出不穷。诸如卓文君、蔡文姬、花木兰、谢道韫、武则天、李清照、秋瑾、宋氏三姐妹等，可以列出长长的一串名单。她们这些伟大的女性在各自的领域内都有着非凡的成就。或巾帼不让须眉，或才华横溢，或运筹帷幄，或大义凌然，一个个都闪现出夺目的光辉，在人类历史上留下了浓墨重彩的一笔。

即使在现代社会中，随着职业分工的细化，越来越多的职业女性走上了工作岗位，她们在各自工作中的表现也极其出色，有些甚至是男性所不能替代的。这些都充分证明了女性在各方面并不亚于男性，只是男性同胞一贯喜欢用“有色眼镜”看待女性罢了。

男女平等不仅仅是一句口号，更是对我们人类另一半的尊重和肯定。柏拉图对于女性深刻认识的理解也值得我们学习和效仿，真正从实际行动中树立彼此平等的交际理念。

以善交友，与善人为友

人心可分为二，一是善，一是恶。善多能制止恶，这是一种美；如受不良教育，或被恶人熏陶，恶会逐渐变大，而善会日益侵削。

——柏拉图

柏拉图游学归来回到雅典之后，开始潜心从事教学和著书工作。像他的苏格拉底老师一样，他不需要什么金钱或物质上的回报。我们也完全可以这样说，在这一段时间内，他把自己毕生的精力都奉献于对真理、道德和职责的谆谆教诲之中了，并开始对自我人生的经历进行必要的沉淀积累，总结出最为一般的经验为世人所用。

比如，他对人性的认识方面就深刻指出人心可以一分为二，一方面是善，一方面是恶。善良的成分多了就能够制止住恶，这是一种美；如果一个人受到了不良教育，或是被恶人熏陶，那么恶就会逐渐变大，而善就会日益侵削。两者如同对立的两派，在人性的战场上互相厮杀，看最后哪一方能够占据上风。

柏拉图的这段话其实也是对人性的全面总结，善与恶共存于人的心灵深处，一个人表现出善或恶的一面，关键看他内心深处哪一种成分占比例最大。所以，千年以前我们智慧的先人也曾对人性是本善还是有过激烈的争论，其实这一切的影响因素很大程度上在于外在的教育程度和学习环境。

我们抛开“性善论”或“性恶论”的争执不提，具体到人际交往层面，就应当去亲近那些充满人生正能量的人士，结交那些具备善行、本性善良的人，远离那些不善之人。

其中的原因不言而喻。古语说：“白沙在涅，与之俱黑；麻生蓬中，不扶而直。”这句话的意思就是“近朱者赤，近墨者黑”的道理体现。和善人为友，可以增长我们的人生智慧，可以开拓我们的思维视野，然后在健康阳光的人生道路上快步奔跑，同时还可以因此影响和带动身边的其他人，使整个社会由此形成积极向上的正能量氛围，爱与和谐就会成为社会发展的主流。

周处是我国西晋时期人，年少的时候自持勇力而危害乡里，被人们将他和山中的猛虎以及水中的蛟龙并列为“三害”，但是周处却浑然不知。等到周处将猛虎和蛟龙这两大害都除灭之后，才发现自己也是人们口中的“三大害”之一，羞愧不已的周处决心改过自新。为了能让自己走上正确的道路，周处专程拜当时著名的大文学家陆机、陆运为师，希望能够跟随他们学习为人处世之道。

但是，周处内心也有顾虑，生怕难以真正地洗心革面。他曾对陆云说：“我想修养自身的品行，然而担心年纪大了恐怕没有时间了。”陆云说：“古时候的人们讲过朝闻道晚上就改变过失，你应该担心的是自己的志向不立，何必去忧虑美名不能彰显呢？”于是，周处便磨砺意志，发奋好学，一心向善。在这两位德高望重学者的指引和影响下，周处终于脱胎换骨，成了一名名扬天下的将领。

从周处身上我们可以看到，和善人交往能够令人心生善念，一心追求人生积极的正能量。因此，我们要“择真善人而交，择真君子而处”。也正如柏拉图所提倡的那样，我们和这些人交往，他们高尚的人格品性也会潜移默化地影响到我们的内心，从而产生“见贤则思齐，见不贤则内省”的良好效果。同时，“天道无亲，恒与善人”，我们行为和善而内心慈悲，那么人生之路也会更加宽广。

不因权贵而附势

国王的祖先都曾是奴隶。

——柏拉图

柏拉图的名著《理想国》向我们描绘出了一幅理想的乌托邦画面，在这部书中，柏拉图提出国家应当由诚实正直的哲学家来管理。国家中的每一个人都处于平等的地位，各自去做属于自己分内的事情，而不应该打扰到别人。

柏拉图之所以有这样的政治理念，正是因为他藐视那些由权贵所组成的不平等社会。他认为，从人性的角度看，每个人生来平等。虽然人们在后天的环境中，由于个人机遇或家庭背景的不同而形成了社会分层，有了高低贵贱之分。但是，在共有的人格上面，所有人都居于平等地位，不应因为自身现时地位的卑微而去趋炎附势，极尽吹捧之能事，进而丧失独立的自我。

其实，柏拉图的理念几乎在同时代的陈胜、吴广起义中也有过同样的表述。当时，两位农民起义领袖举起反抗暴秦的大旗，其口号就是：“王侯将相，宁有种乎？”从他们的怒吼声中所发出的时代最强音，就鲜明地宣告人人生来平等，所谓的王侯将相不是生来就可以拥有的，通过后天的努力，每一个人都有机会去改变自身的命运。

因此，做人就要坚持自身高贵的人格，不因权贵而依附，不因荣华而变节，始终堂堂正正，磊落光明，这才是令人敬佩的人生。

董宣是东汉时期人，他在做洛阳县令的时候，汉光武帝的姐姐湖阳公主家中的一位仆人杀了人，违反了国家的法令，于是就躲在公主家里不出来，而那些前去抓捕的人由于畏惧湖阳公主的权势，因此也都不敢去抓捕他。

董宣听闻此事，决心要对罪犯依法惩治。他听说公主的车驾要出来，于是就上前将车辆拦住，当面将那个仆人抓住并就地斩首。湖阳公主认为董宣这样做，无疑是目中无人的一种表现，于是就向汉光武帝禀告了这件事情。

汉光武帝刘秀听了之后也很生气，于是就传令将董宣叫来，准备下令处死他。董宣毫不畏惧地说：“皇上您英明神武，光复了大汉王朝，但是现在却放纵人杀人，如此怎么能够将国家治理好呢？我不用你下令了，我自己先自我了断吧！”说完，董宣就用头去撞柱子，撞得头破血流。

光武帝刘秀在了解了事情的原委后，也就不责怪他了，同时收回了处死他的命令。但是有一个小小的要求，这就是让他给公主磕头表示赔礼道歉。然而，董宣认为自己是在执行国家的法令，并没有什么错误，因此拒不执行。光武帝刘秀就下令让人按他的头，强迫他向公主认错，此时的董宣依然双手撑地，挺着脖子，坚决不肯认错。

光武帝刘秀看到这里一声长叹，被董宣这种不畏惧权势的精神所感动。最后，不仅对董宣大加奖励，还封赏了一个“强项令”的称号给他。

故事中的董宣如果是一个依附权势的小人，他就不敢去严格执行国家的法令，更不会在皇帝已然动怒的情况下还据理力争。他这种无畏的人格确实令人敬佩不已，正如柏拉图所说的那样：国王的祖先也是奴隶。每一个人的出身和家庭背景并非一成不变，所以我们不必要去趋炎附势，以降低自身人格的方式来求取功名富贵。如果那样做了，那么就是对“人”这个字的一种侮辱。